KB103019

인류
원한의 뿌리

단주

증산도 상생연구소 시리즈 1
인류원한의 뿌리 단주

초판발행   2008년 4월 12일
개정판 1쇄   2009년 03월 03일
개정판 2쇄   2009년 03월 06일

지은이   이재석
펴낸이   안중건
펴낸곳   상생출판
주소   대전시 중구 선화동 425-28번지
전화   042) 254-9309
팩스   042) 254-9308
E-mail   sangsaeng@jsdmail.net
출판등록   2005년 3월 11일 (제175호)

ISBN   978-89-957399-2-1
        978-89-957399-1-4 (세트)

값 6,500원

인류 원한의 뿌리

단주

간행사

우리가 살고 있는 현주소는 어디일까요? 65억 인류가 부대끼며 살아가는 21세기의 지구촌입니다.

그동안 이 지구촌에는 수많은 슬기로운 사람들이, 신(神)이 부여한 탁월한 영성을 원동력으로 삼아 오늘날과 같은 찬란한 과학기술 문명을 발전시켜 왔습니다. 그 덕으로 우리는 옛 사람들이 상상도 못한 혜택을 누리며 풍요롭고 편안하게 지내고 있습니다. 인터넷망과 위성방송 등 뉴미디어를 통해 지구촌 곳곳에서 일어나는 일들을 한눈에 볼 수도 있게 되었습니다.

그런데 방송 채널, 또는 인터넷을 열고 들어서는 순간, 우리는 지구온난화로 빙하가 녹아내리고 섬들이 점점 물에 잠겨가는 모습, 화산 폭발과 지진 등의 엄청난 자연재해로 고통 받는 사람들, 괴질병 창궐을 경고하는 참담한 소식들을 만나게 됩니다. 그뿐만이 아닙니다. 세계 곳곳에서 끊이지 않는 피비린내 나는 전쟁, 민족과 국가 간의 치열한 이권다툼, 잔악한 테러와 보복 살인, 신 제국주의 헤게모니 쟁탈전, 핵문제 소식 등을 보면, 지금 이 시간에도 사람들이 헤어날 수 없는 갈등과 반목, 투쟁의 소용돌이 속에서 허덕이고 있음을 실감하게 됩니다.

인류에게 교만과 잔포를 가져다 준 현대문명! 끔찍하고도 살벌한 사건이 일상처럼 반복되면서 엄청난 충격에 무디어진 지구촌! 21세기를 살고 있는 우리네 가슴에는 희망과 절망이 동시에 교차하고 있습니다. 동서양의 지성인, 문명비평가, 정신적 지도자들은 지금 이 시대를 종말의 시대니 말세니 하면서 새 시대 새 문명이 절실히 요구되는 때라고 입을 모아 말합니다.

그렇습니다. 지금은 상극의 세상에서 병든 대자연과, 원과 한으로 얼룩진 인간의 고통을 깨끗이 치유하고, 모순된 인간 문명을 한 차원 높이 승화시켜, 종교와 인종을 초월한 동서양 모든 인류가 진정으로 다 함께 조화롭게 살 수 있는 새 시대 새 문명을 창출해야 할 때입니다.

그 새 시대, 새 문화가 바로 전 인류가 한 가족 되어 살아가는 상생 문명입니다.

상생의 새 세상을 여는 지혜, 그것은 유사 이래 어떤 성자도 말하지 못했던, 전무후무한 새로운 깨달음의 도언이 수록된 『증산도 도전』에서 찾을 수 있습니다.

　　『증산도 도전』은 천지의 원 주인이며 대우주의 통치자 하나님이신 증산 상제님께서 직접 인간으로 오시어 전 인류에게 내려 주신 진리의 보고(寶庫)로서, 절망의 늪에서 허덕이는 현대인들에게 생명의 혼을 불어넣어 주고, 참 진리를 갈구하는 구도자들에게 진정한 깨달음을 열어 주는 참 하나님의 진리 교과서입니다.

　　증산 상제님은 수천 년 동안 누적된 원한의 상극문화를 총체적으로 개벽하고, 인류가 지상에 조화낙원, 조화선경을 건설할 수 있는 상생의 대도를 열어 주셨습니다. 앞으로는 자연의 질서도 상생, 문명의 역사도 상생, 인간의 마음도 상생으로 나아갑니다.

　　증산도 상생문화연구소에서는 강증산 상제님의 대도 세계를 널리 대중화하는 데 일익을 담당하고자, 증산 상제님의 말씀과 행적이 집대성된 『증산도 도전』을 중심으로, 선천 상극문화를 문 닫고 후천 상생문화를 여는 데 기여한 역사적인 인물들과 사건, 주요 공사 내용을 쉽고 재미있게 엮어서 시리즈로 발간할 예정입니다.

21세기를 사는 지구촌 형제들에게, 진정한 깨달음과 보편적 진리에 목말라하는 지성인들에게, 조화와 상생의 지상낙원을 염원하는 뭇 창생들에게, 폭포수처럼 쏟아지는 생명수와도 같이, 영적 지혜를 가득 채워 줄 알찬 글들이 되기를 충심으로 바라마지 않습니다.

증산도 상생문화연구실장

문 계 석

차례

인류 원한의 뿌리

단주

chapter 1

인류 원한의 뿌리, 단주

회재불우의 한스러운 삶

강원도 영월에는 장릉(莊陵)이란 이름의 왕릉이 있다. 바로 조
선 제6대 임금인 단종의 능이다. 11살의 어린 나이에 부친 문종
의 승하로 왕위에 오른 단종(端宗 1441~1457)은 3년 2개월 동안
왕으로 있다가 숙부인 수양대군의 핍박에 의해 왕위를 내놓고
노산군(魯山君)으로 강봉(降封)되어 강원도 영월 땅에 유배되었다.

당시에 단종의 원한이 얼마나 컸는지를 잘 알 수 있는 시가 있
다. 바로 그가 영월에서 지은 어제시(御製詩)이다.

영월 유배지에 있는 단종릉

천 추 무 한 원
千秋無限冤　　천추의 원한을 가슴 깊이 품은 채

적 영 황 산 리
寂寧荒山裡　　적막한 영월 땅 황량한 산 속에서

만 고 일 고 혼
萬古一孤魂　　만고의 외로운 혼이 홀로 헤매는데

창 송 요 구 원
蒼松繞舊園　　푸른 솔은 옛 동산에 우거졌구나

영 수 삼 천 로
嶺樹三天老　　고개 위의 소나무는 삼계에 늙었고

계 류 득 석 훤
溪流得石喧　　냇물은 돌에 부딪쳐 소란도 하다

산 심 다 호 표
山深多虎豹　　산이 깊어 맹수도 득실거리니

불 석 엄 시 문
不夕掩柴門　　저물기 전에 사립문을 닫노라

수양대군은 이에 그치지 않고 얼마 후 다시 그를 서인(庶人)으로 강등시켰다. 여러 신하들에 의해 끈질기게 자살을 강요당한 끝에 마침내 1457년 10월 24일 단종은 영월 유배지에서 목이 졸려 죽었다. 남도 아닌 작은 아버지의 핍박에 의해 왕의 신분에서 서인으로 강등되고 결국 16년의 짧은 생을 비명횡사로 마감한 단종에게는 천추의 원한이 생길 수밖에 없을 것이다.

인간 세상도 상극이 사배해서 누구도 제 뜻대로 살다간 사람이 없다. 사람은 누구도 천부적으로 자유를 향유(享有)하며 한 세상을 살려고 태어났는데 제 육신을 가지고 자기 자의대로 살다간 사람이 없다. …지나간 세상에서는 사람 두겁을 쓰고 나온 사람 쳐놓고 원한을 맺지 않고 간 사람이 하나도 없다고 해도 과언이 아니다. (안운산, 『천지의 도 춘생추살』, p134-135)

회재불우(懷才不遇)란 옛말이 있다. 훌륭한 재주를 갖추고 있으나 때를 만나지 못했다는 말이다. '불우(不遇)'라고 표현해도 역시 회재불우의 뜻을 내포하고 있다. 양의 동서, 때의 고금을 막론하고 역사상 이 회재불우의 인생을 산 사람들이 얼마나 많았던가!

뜻을 펴기 위해 13년간 중국 전역을 철환천하(轍環天下: 수레를 타고 천하를 돌아다님)했던 공자(孔子 기원전 551~기원전 479), 간신이었던 조고(趙高 ?~기원전 207), 이사(李斯 ?~기원전 208)등의 모략으로 제위를 동생 호해(胡亥)에게 빼앗기고 자결할 수 밖에 없었던 진시황의 장남 부소(扶蘇 ?~기원전 210). 역발산기개세(力拔山氣蓋世)를 지녔으나 초한전(楚漢戰)에서 유방에게 패하여 결국 해하(垓下) 땅에서 오강(烏江)을 건너지 않고 '하늘이 자신을 버렸다'고 한탄하며 자결한 항우(項羽 기원전 232~기원전 202). 단종의 복위를 도모하다가 구족(九族)이 멸문지화(滅門之禍)를 당한 사육신. 이상적인 왕도정치, 도학정치를 꿈꾸며 과감한 개혁을 시도하다 남곤, 심정 등 훈구파의 간계로 숙청된 조선 중기의 개혁가 조광조(趙光祖 1482~1519), 붕당정치의 희생자로 뜻을 펴지 못하고 광인으로 몰려 뒤주 속에 갇혀 굶어 죽은 영조의 아들 비운의 사도세자(장조莊祖 1735~1762), 이 땅에서 외세를 몰아내고 나라를 바로 잡으려다 뜻을 이루지 못한 동학의 전봉준(全琫準 1855~895), 일제시대에는 독립운동을 주도하고, 광복후에는 민족단합을 위해 노력하다 뜻을 펴지 못하고 안두희의 총탄에 억울하게 죽은 백범 김구(金九 1876~1949) 등.

역사에 기록되지 않은 경우는 그 수를 헤아릴 수조차 없을 정도로 많다. 지금도 우리의 주위를 살펴보면 회재불우한 삶을 사는 사람이 얼마든지 있음을 발견할 수 있다. 재주가 없으면 모르되 있으면서 펼칠 수 없다면 그것은 죽어서도 한이 될 것이요, 살아서는 그 원인을 타인에게 돌려 원망이나 원한을 가질 수밖에 없다. 물론 내적인 수양이 깊거나 현실 상황을 잘 인식하여 적당한 때에 포기할 줄 아는 사람이라면 원도 한도 갖지 않을 수 있다. 그러나 그와 같은 달관의 경지를 체득하는 것이 그렇게 말처럼 쉬운가?

원과 한이란

그럼 원과 한은 구체적으로 무슨 뜻일까?

'여자가 원한을 품으면 오 뉴월에도 서리가 내린다' 라는 속담에서 볼 수 있듯이 우리 는 보통 '원한을 품는다' 라는 표현을 쓴다. 옛날에는 음력 을 쓰니까 오뉴월은 한여름을 뜻하는데, 서리라는 것은 원 래 날씨가 차지는 늦가을이나 겨울에 자주 볼 수 있는 것이 아닌가! 여자의 원한이 얼마 나 강력한 힘을 발휘하면 한 여름에 서리가 다 내릴까?

冤

恨

'원'과 '한' 소전체 | 중국 청대 단옥재의 『설문해자주說文解字註』 에 수록되어 있다.

'원한'은 원래 '원망할 원(怨)' 자에다 '한할 한(恨)' 자를 써서 '怨恨'이라고 표현하는데, 증산도에서는 '원망할 원(怨)' 자 대신에 '원통할 원(冤)' 자를 써서 '원한'에 대해 대단히 깊이 있는 의미를 부여한다. 앞으로 전개될 원한 문제를 제대로 알기 위해서는 먼저 '冤(원)' 자와 '恨(한)' 자가 갖고 있는 의미를 명확하게 알필요가 있다.

'원(冤)' 자는 속자로 갓머리(宀) 부수로 된 '寃'이라고도 쓰는데, 작은 동물의 케이지(cage)를 의미하는 '冖(멱)'과 토끼를 의미하는 '兔(토)'가 결합된 것으로서, 토끼가 케이지에 갇혀 나갈수가 없어서 더욱 움츠리고 있는 상태를 본뜬 글자이다.[1]

'원'은 본래 불공평한 일을 당했기 때문에 마음 속 깊은 곳에 쌓인 원망을 나타내었다. 본래 의미는 '원통하다', '억울하다'가 된다. 그래서 죄가 없음에도 억울하게 무고를 당하거나 형벌을 당할 때 이 원이라는 표현을 쓴다. 또 '원' 자가 심경을 나타내기 때문에 주로 정서를 나타내는 글자와 결합되어 사용된다. 그래서 원억(冤抑)이라든지, 원왕(冤枉) 혹은 원굴(冤屈), 원통(冤痛)이라는 표현을 쓰기도 한다.

---

1) "冤, 屈也. 從冖兔. 兔在冖下, 不得走, 益屈折也."(『說文解字』 「兔部」)

'한(恨)'이라는 글자는 원래 지금처럼 그 의미가 강하지 않고 '유감스런 일로 여기다', '유감으로 여기다' 정도의 의미로 사용되었다. 그러다가 '후회하다'라는 의미로 확대되었으며, 오늘날에는 '마음속에 한을 품다', '통한하다', '한이 골수에 사무치다'라고 쓰이며 그 뜻이 상당히 강해졌다. 고대에는 이 경우 '한(恨)'이라고 말하지 않고 '원(怨)'이라고 표현하였다.[2]

원과 한을 구분하면, 원은 개별적인 특성을 가지며, 남에게 일방적으로 당하여 억울하고 분통이 터지는 것이다. 이에 비해서 한(恨)은 보편적인 것으로 상극의 시련과 고통 속에서 인간의 가슴 깊이 맺힌 설움 같은 응어리를 말한다.

이 원과 한이 합해져 '원한'이라는 말로 사용되면 '억울하고 원통한 일을 당하여 응어리진 마음'을 의미하고, '원한이 맺히다', '원한을 품다'라고 표현한다.

원한은 자신의 마음을 병들게 하고 상대방의 생명을 파괴하는 무서운 독기로 작용할 뿐 아니라 역사적으로 세월의 흐름을 통해 상극을 유전시킨다. 인류의 역사는 곧 원한의 역사라 하여

---

2) 『설문해자(說文解字)』「심부(心部)」에서는 "恨, 怨也." 즉 '원망하다'로 해설하고 있으나, 현대의 문자학자들은 이 의미는 나중에 생긴 것이지 원래의 의미가 아니라고 본다.

도 과언이 아닐 것이다.

인류 원한의 뿌리는 누구인가

인류 역사상 가장 강력하고 근원적인 원한은 무엇이었을까?

조선말에 이 땅에 강세했던 증산 상제는 지금부터 약 4천3백여년 전 요의 아들인 단주(丹朱)를 인류 원한 역사 기록의 처음으로 들었다.

> 무릇 머리를 들면 조리(條理)가 펴짐과 같이 천륜을 해(害)한 기록의 시초이자 원(冤)의 역사의 처음인 당요(唐堯)의 아들 단주(丹朱)의 깊은 원을 풀면 그 뒤로 수천 년 동안 쌓여 내려온 모든 원의 마디와 고가 풀리게 될지라. (『도전』 4:17:1~2)

사실 바둑애호가를 제외한다면 오늘을 사는 현대인들에게 단주는 잘 알려진 인물이 아니다. 『상서(尙書)』를 비롯한 여러 유가 경전과 『사기(史記)』 등의 역사서에 그에 관한 기록이 있어 옛날 우리나라나 중국의 선비들은 성군(聖君)이라고 일컬어지는 요(堯) 임금의 불초한 아들 정도로 알고 있었지만, 현대는 유가의 경전이 옛날처럼 지식인의 필독서가 아니기 때문에 단주에 대해서는 그 이름조차도 처음 듣는 사람들이 대부분일 것이다.

그러면 증산 상제는 왜 단주의 원한이 인류 원한의 시초라고 하였으며, 만고의 원한 가운데 단주의 원한이 가장 크다고 하였을까? 21세기를 사는 우리에게 단주가 왜 문제가 되는가?

인류의 역사를 전쟁의 역사, 상극의 역사라고 볼 때, 모든 상극성의 출발이라고 말할 수 있는, 역사적으로 기록된 최초의 원한을 살펴보는 것은 큰 의미가 있다. 뿐만 아니라 그로부터 수천년간 누적된 원한의 충격에 의해 엄청난 후유증을 앓고 있는 세계의 실상과 더불어 이에 대해서 증산도가 제시하는 해결책 등을 깊이있게 알아보는 것은 '어떻게 살아야 할 것인가' 하는 인생의 명제를 다른 시각으로 살펴볼 수 있다는 점에서 값진 교훈으로 작용할 것이다.

나아가 이 땅에 사는 사람들이 다시는 원과 한 때문에 눈에서 눈물이 흐르지 않는 상생(相生)의 대동세계(大同世界)를 열어가기 위해 이 시점에서 반드시 필요한 작업이 되리라고 생각한다.

단주는 누구인가

단주는 당요의 맏아들

4천3백여 년 전에 실존했던 인물 단주에 대한 일반적인 인식은 단지 바둑을 처음 두었다는 것과 천자의 자리를 순(舜)에게 빼앗긴 요(堯)의 불초한 자식이라는 것 정도이다. 그러나 이제부터 살펴볼 여러 문헌을 통해 보면, 단주는 수차례 요의 정벌 전쟁에 참여하여 큰 전공을 세우기도 하였고, 자기의 봉토도 갖고 있었으며, 당시 동방의 이족(夷族)과 서방의 하족(夏族)간의 전쟁을 종식시켜 평화를 유지해야 한다는 혁신적인 생각을 갖고 있던 인물이었다.

먼저 단주의 아버지인 요는 어떤 인물일까?

요는 오제(五帝)[3]의 한 사람인 제곡(帝嚳)을 아버지로, 진봉씨(陳鋒氏, 또는 陳豐氏)의 딸 경도(慶都)를 어머니로 해서 태어났다. 진봉씨는 부족의 이름이다. 일설에 그는 어머니의 뱃속에서 14개월을 있었다고 한다.

요의 성은 이기(伊祁) 혹은 기(祁)이고, 이름은 방훈(放勳 또는 放勛)이다. 당요(唐堯) 혹은 도당씨(陶唐氏)라고도 불렸는

제요도당씨 | 오제의 한 사람으로 단주의 아버지이다.

데, 이는 요가 나라를 세우고 국호를 도당으로 정했기 때문에 붙여진 이름들이다.

요는 지금으로부터 약 4천3백여 년 전인 기원전 2357년에 나라를 세운 것으로 추정하는데, 그 24년 후인 기원전 2333년에 단

---

3) 『사기(史記)』「오제본기(五帝本紀)」에 의하면 오제는 황제헌원(黃帝軒轅), 전욱고양(顓頊高陽), 제곡고신(帝嚳高辛), 제요도당(帝堯陶唐 : 방훈放勳 - 요임금), 제순유우(帝舜有虞:중화重華 - 순임금)이다.

군성조께서 배달국(倍達國)을 계승하여 고조선을 개국하게 된다.

지금 우리가 주로 지칭하는 요는 그의 시호이다. 훗날 이연(李淵 唐高祖 566~635) 이세민(李世民 唐太宗 598~649) 부자가 수(隋) 나라를 멸망시키고 건국한 당(唐) 나라의 명칭은 여기에 뿌리를 두고 있다.

장수절(張守節)의 『사기정의(史記正義)』에 인용된 『제왕기(帝王紀)』에 의하면, 요는 산의씨(散宜氏)의 딸 여황(女皇)을 아내로 맞아 단주를 낳았다. 그는 아들 아홉 명과 딸 두 명을 두었다고 하는데, 이들은 모두 한 어머니의 소생이 아니었던 것 같다. 딸 둘은 바로 뒤에 소개할 소상반죽 전설의 주인공인 아황(娥皇)과 여영(女英)이다.

단주는 요의 맏아들이다. 단주의 원래 이름은 '주(朱)' 인데, 단수(丹水 지금의 丹江)에 봉해졌기 때문에 단주라고 불리게 된 것이다.

『상서』 「익직(益稷)」편 등에 의하면, 당시 대홍수 때문에 온 천지가 물로 가득해서 단주는 배를 타고 이리저리 세상을 유력하였다. 또한 많은 친구들을 자주 집으로 불러들여 술을 마시며 놀기도 하였다고 한다.

요가 단주에게 바둑을 전하다

중국 남북조시대에 양(梁)나라 사람 소역(蕭繹)이 편찬한『금루자(金樓子)』란 책에 의하면, 요는 수양을 목적으로 맏아들 단주에게 바둑을 가르쳤다. 바둑판은 문상(文桑)의 나무로 만든 것이었고, 바둑알은 물소뿔과 상아로 만든 것이었다. 단주는 처음에 바둑에 재미를 느끼고 몰두했으나 얼마 후에는 다시 친구들과 어울려 지냈다.

한편 요가 단주에게 바둑을 가르친 시점이 순에게 제위를 넘겨 준 후라고 보는 시각도 있다. 제위를 잇지 못한 아들 단주에게 바둑을 만들어주며 제위를 이어받지 못한 원과 한을 삭이라고 하였다는 것이다.『사기(史記)』「오제본기(五帝本紀)」에 의하면 요는 순에게 28년간의 시험 끝에 제위를 물려줬다고 하는데 이렇게 되면 단주가 최소한 50세가 넘어서 바둑을 배운 것이 된다.

젊을 때 바둑을 가르쳤는지 혹은 늙은 뒤였는지는 사료가 부족한 현재 우리들이 파악하기 힘드나, 어쨌든 단주가 천하를 다스리기에 부족하다고 판단한 요는 순에게 여러 가지 다양한 시험을 거친 뒤 제위를 물려주기로 작정을 하였다. 그러면서 단주가 이에 복종하지 않을 것을 우려하여 그를 남방의 단수 지역으로 보내어 그곳의 제후 노릇을 하게 하였다. 이때 농관(農官)인 후직(后稷)에게 그를 감독하게 하고 날짜를 정해 길을 떠나게 하였다. 농관은 지금으로 말하면 농림부 장관에 해당하는 관직이다. 이 후직은 훗날 문왕과 무왕에 의해서 건국된 주(周) 왕조의 시조가 되는 인물이다.

단주는 과연 불초하였는가

'요(堯)의 아들 단주가 불초(不肖)하였다.' 는 말이 반만년이나 전해 내려오니 만고의 원한 가운데 단주의 원한이 가장 크니라. (『도전』 4:30:5)

단주에 관한 최초의 기록은 『상서』 「요전(堯典)」편이라고 할 수 있다. 이 「요전」의 관련 기록은 아주 간단하다.

요가 신하들에게 물었다.
"누가 천시에 순응해 등용될 수 있겠소?"
신하 방제가 대답하였다.
"맏아드님 단주가 계명합니다."
요가 다시 말했다.
"아, 그는 말이 허망하고 다투기를 좋아하는데 되겠소?"[4]

---

4) 帝曰: "疇咨若時登庸." 放齊曰: "胤子朱啓明." 帝曰: "吁! 嚚訟可乎."
(『尙書』「堯典」)

그러면서 요는 단주를 천거한 방제의 진언을 물리친 것이다. 여기에서 '계명(啓明)하다'는 말은 정사(政事)에 밝다는 말이다. 다시 말해서 천하를 다스릴 수 있는 경륜이 있다는 의미이다. 그럼에도 불구하고 후세의 거의 모든 문헌에는 『상서』의 이 기록에 의거해서 단주를 '불초'한 자식이라고 규정하였다.

'불초하다'는 말은 자식이 아버지를 닮지 못했다는 말이다. 아버지의 현명함을 닮지 못한 못나고 어리석은 사람을 '불초자'(不肖子)라고 한다. 그러나 신하 방제의 말과 같이 단주는 '계명'하다는 평가만 있을 뿐, 실제 불초하지도 않은데 오히려 수천 년 동안이나 끊임없이 불초하다고 근거없는 곡해를 받아야 했으니 얼마나 원한이 맺혔겠는가!

요순시대를 이상사회의 전형으로 삼은 유가에 의해서 단주는 철저히 왜곡되어 불초한 자식의 대명사로 후세에 알려지게 되었다.

그런데 단주가 원한을 품을 수밖에 없는 요인은 표면적으로 보이는 아버지 요의 제위를 잇지 못했음에 국한되는 것이 아니다. 증산 상제에 의하면, 그보다는 자신이 이상적인 통치로 생각했던 동방 이족(夷族)과 서방 하족(夏族)의 통일이라는 원대한 꿈을 실현할 수 없음에서 기인한 것이라고 볼 수 있다.

단주의 꿈, 대동세계 건설

단주가 밤낮없이 쉬지 않았다는 것은 쉬지 않고 무엇인가를 하며 부지런하였다는 것이요 강마다 배를 띄웠다는 것은 대동세계를 만들자는 것이며 벗들과 떼지어 집 안에서 마셨다 함은 사람들과 더불어 즐거움을 함께 하였다는 말이요 세상을 없애려 하였다 하는 것은 서로 주장하는 도(道)가 같지 아니하였다는 말이니라. (『도전』 4:30:10~13)

『맹자(孟子)』 「만장(萬章)」편에 나오는 것처럼, 반만년 동안이나 사람들에게 불초하다고 전해지는 단주에 대해서 증산 상제는 인류 역사 최초로 그가 불초하지 않았다고 갈파하였다. 그 이유로 첫째는 요의 조정에 벼슬하던 신하들이 단주를 계명하다고 천거했고, 둘째로 당시 만족이나 이족 등 오랑캐로 불리는 민족을 동등하게 대하자고 주장하였으며, 셋째로 온 천하를 구별 없이 대동세계로 만들자는 정치적인 견해를 가지고 있었음을 들고 있다.

정말로 단주가 불초하였다면 조정의 신하들이 단주를 계명(啓明)하다고 천거하였겠느냐. 만족(蠻族)과 이족(夷族)의 오랑캐 칭호를 폐하자는 주장이 어찌 말이 많고 남과 다투기를 좋아하는 것이겠느냐? 온 천하를 대동세계(大同世界)로 만들자는 주장이 곧 '시끄럽고 싸우기 좋아한다.'는 말이니라.

帝舜有虞氏

제순유우씨 | 오제의 한 사람으로 세계최초로 형벌을 제도화하였다.

인류의 역사를 되돌아보면 정치권력이 투쟁의 과정을 거치지 않고 이양(移讓)된 적은 찾아보기 힘들 정도로 힘의 논리가 지배했다는 사실을 상기해 볼 때, 덕이 있는 단주 같은 자에게 제위를 물려준다 함은 상식에 위배되는 일이라고 하겠다. 결국 "이기면 충신, 지면 역적"이라는 말이 있듯이, 동서고금의 다른 정권 교체의 경우에서와 마찬가지로 순이 제위를 차지한 후에는 자신의 정통성 확보를 위해 단주를 폄하하지 않을 수 없었다. 그래서 단주를 '불초하다'고 규정하였고 이 말이 반만 년 동안 전해 내려 온 것이다. 단주에 대해 당시에 요의 신하 방제가 '계명하다'고 평했듯이 단주에게 나라를 통치할 만한 충분한 역량이 있었음은 다른 문헌에서도 찾아볼 수 있다.

후한 때의 경학자 정현(鄭玄 127 ~ 200)도 "요 임금의 뒤를 잇는 자식은 이름이 단주이며 개명(開明)하였다"고 전하였다. 『사기정의」에서는 '개(開)'의 의미를 '사물에 대한 이해가 깊고 이치에 통달하다(解而達)'라고 풀이하였다.

> 요순시대에 단주가 세상을 다스렸다면 시골 구석구석까지 바른 다스림과 교화가 두루 미치고 요복(要服)과 황복(荒服)의 구별이 없고 오랑캐의 이름도 없어지며, 만리가 지척같이 되어 천하가 한집안이 되었을 것이니 요와 순의 도는 오히려 좁은 것이니라. (『도전』 4:31:1~2)

고대 중국에서는 천자가 사는 도성 주변의 땅을 '왕기(王畿)'라 했고, 이를 중심으로 해서 순차적으로 가까운 데서부터 먼 곳으로 5백 리를 한 구획으로 해서 다섯 구역으로 구분하여 '오복(五服)'이라 했다. 복(服)은 '천자를 섬기다'라는 뜻이다. 『상서』「우공(禹貢)」편에 의하면, 이 오복은 전복(甸服), 후복(侯服), 수복(綏服), 요복(要服), 황복(荒服)을 말한다.

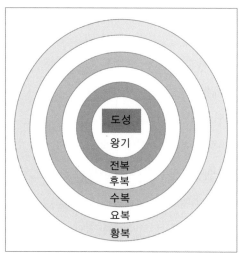

고대 왕기 밖의 다섯 구역인 오복

그러니까 요복과 황복은 도성에서 가장 멀리 떨어진 지역으로서 제왕의 교화가 가장 미치지 못한 지역이라고 할 수 있다.

즉 단주가 제위를 계승하여 천하를 다스렸으면 요복이나 황복 같이 낙후된 지역에도 제왕의 교화가 골고루 미쳐서 함께 잘 살며 중화와 오랑캐를 굳이 구별할 필요가 없는 대동세계가 이루어졌을 것이라는 말이다.

허망한 죽음

『산해경(山海經)』 등의 기록에 의하면, 당시 남방의 동정호(洞庭湖)와 팽려호(彭蠡湖) 일대에는 구려(九黎)의 후예인 '유묘(有苗)' 혹은 '삼묘(三苗)'라고 불리는 부족이 있었는데 단주와는 사이가 매우 가까웠다. 마침 요임금이 순에게 제위를 넘겨준다는 소식을 듣고 이에 승복하지 못하고 있던 삼묘의 족장은 단주가 오자 곧바로 세력을 연합하여 요에게 반기를 들었다.

요는 반란을 진압하기 위해 군사를 일으켜 친히 남방으로 출정하였다. 마침내 두 세력은 단수 유역에서 충돌하였는데, 결과적으로 요의 군대가 단주와 삼묘의 연합군을 궤멸시켰다. 이 싸움에서 삼묘의 족장도 피살당하고, 단주도 전사하였다고 한다.

『장자(莊子)』「도척(盜跖)」편을 보면, 당시 만구득(滿苟得)이라고 불리는 사람이 공자의 제자인 자장(子張)과 논쟁을 벌이면서 요가 맏아들(長子)을 죽였다는 말을 하고 있다.

> 만구득이 말하였다. 요가 맏아들을 죽이고 순이 이복동생을 추방시켰는데 친소에 윤리가 있는가?[5]

여기서 맏아들은 바로 단주를 말하는 것이다.[6] 요가 단주를 죽였다는 기록을 더 이상 찾지 못하여 단정할 수는 없으나, 적어도 공자나 장자가 살고 있던 춘추전국 시대에는 일반적으로 요가 맏아들 단주를 죽인 자애롭지 못한 아버지로 알려져 있음을 짐작할 수 있다.

단주 이후에도 동서고금의 역사를 통틀어 보면 이러한 예는 얼마든지 찾아볼 수 있다.

한 예로 「영원한 제국」이라는 영화를 보자. 1995년 개봉된 이 영화는 이인화의 동명소설을 영화한 것으로 관객 수가 4만 6천 명밖에 안되어 흥행에는 실패하였다. 그러나 이 영화는 조선 정조 시대에 왕과 노론의 이념 대립 배경 하에서 궁중에서 일어난 살인 사건을 계기로 왕의 부친 사도세자의 죽음과 관련된 글

---

5) "滿苟得曰: '堯殺長子, 舜流母弟, 疏戚有倫乎?'"(『莊子』「盜跖」)

6) 『여씨춘추(呂氏春秋)』「거사(去私)」편의 고유(高誘) 주석 참조.

능력을 펴지 못하고 정적인 노론에 의해 죽임을 당한 사도세자의 융릉 (경기도 화성)

「금등지사(金縢之詞)」를 두고 왕의 지원을 받고 있는 남인 세력과 권력을 유지하려는 노론 세력간에 벌어졌던 '하룻밤' 사이의 다툼을 그린 아주 독특한 사극이라고 평가된다.

여기서 핵심 소재인 사도세자는 광인으로 몰려 스물일곱 살의 나이로 뒤주 속에 갇혀 죽는 비참한 최후를 맞이한다. 당시 노론은 조선이 왕 한 사람의 나라가 아니라고 천명하며 신권의 강화를 도모하였는데, 영조는 노론의 역량으로 왕위에 올랐기 때문에 그들의 신념을 막을 수 없었다. 그러나 영조의 아들인 사도세자는 왕권의 강화를 주장하다 결국 노론의 손에 의해 죽임을 당한 것이다. 이 구조가 사실은 단주의 경우와 많이 닮아 있다.

어쨌든 당시에 삼개(마포의 본래 이름)와 용산 일대에는 뒤주대왕, 즉 사도세자를 무신으로 모신 사당들이 유행처럼 번지고 있었다. 사도세자를 공민왕이나 단종대왕 같은 왕신(王神)으로 모시는 것이었다. 그 이유는 당시 백성들이 억울하게 죽어 크나큰 원한을 가진 왕의 귀신일수록 법력이 크다고 여겼기 때문이다.

사도세자도 그러할진대, 원한의 역사 기록 중 가장 오래된 단주의 경우는 그 억울함, 즉 원한의 크기를 이루 말할 수 없을 정도였을 것이다.

단주의 죽음과 관련해서는 이와 다른 기록도 있다. 예를 들면 『맹자』 같은 문헌에서는, 요가 승하한 후에 삼년상을 마치고 순이 단주를 피해 남하(南河)의 남쪽으로 피하였으나 천하의 제후들이 순에게 조근(朝覲)[7]을 하고, 백성들은 소송의 해결을 위해 순에게 달려갔으며, 순을 칭송하였다고 한 것이다. 그렇다면 단주는 적어도 아버지 요가 승하한 후 삼년상을 마쳤으며 따라서 순이 제위에 오른 후에도 생존한 셈이 된다.

어쨌든 중국의 신화학자 원가(袁珂)에 의하면, 전쟁에서 살아남은 삼묘 사람들은 멀리 남해안으로 가서 '삼묘국(三苗國)'을 세

---

7) 조근은 제후가 봄가을로 천자를 알현하러 가는 것을 말하는데, 봄에 알현하는 것을 '조'라 하고, 가을에 알현하러 가는 것을 '근'이라고 한다.

웠다. 그리고 단주의 자손들은 삼묘국 근처에 '환주국(驩朱國)'이라는 나라를 세웠는데, 이는 단주국이라고 해야 옳다고 한다. 단주나 환주, 환두(驩頭) 등이 사실은 발음이 비슷하여

대동 세계를 건설하고자 했던 단주의 초라한 사당.
(중국 하남성 복양시 소재)

잘못 전해진 것이라고 보는 것이다.

2000년 9월 25일 중국 하남성 복양시(濮陽市) 인민정부는 단주묘 유적지를 정비하고 묘비를 건립하였다. 그런데 중국의 다른 제왕 묘역들은 대부분 웅장하고 화려하게 장식되어 있음에 반해 이곳의 단주 묘역은 너무도 초라하고 보잘것없게 조성해 놓았다. 또한 묘역 관리도 현재 마을의 가난한 노인 내외가 하고 있을 정도로 허술하다. 이 역시 그 동안의 그릇된 역사 인식에서 비롯된 것일 터이니 당사자인 단주의 원한이 어찌 크지 않을 수 있으랴!

천자 단주와 단주새

중국 고대 문헌에 『산해경(山海經)』이라는 책이 있다. 이 책은 고대 중국의 사회, 역사, 지리, 민속, 종교 등 여러 분야에 관한 생생한 증언을 담고 있는 중국 최고(最古)의 신화집이라고 할 수 있다. 이 『산해경』에는 고대의 제왕들을 모신 사당이나 묘소들이 기록되어 있는데, 그 중에는 단주에 관한 기록도 있다. 여기에서는 단주를 '제단주(帝丹朱)'라고 표현하고 있다. 이로 볼 때 당시 사람들이 그를 매우 존경하였음을 알 수 있다. 또한 남방의 거산(柜山)이라는 산에는 올빼미처럼 생긴 새가 살았는데 이 새를 '주(鵃)', 혹은 '단주(鴸鵃)'라고 한다. 이 새의 발톱이 마치 사람 손처럼 생겼고 온종일 '주-, 주-' 하고 우는데, 이 새가 바로 단주의 영혼이 변해서 된 것이라는 이야기도 전해진다.

동진 때의 유명한 전원시인 도연명(陶淵明 365~427)은 「독산해경십삼수(讀山海經十三首)」에서 "단주새가 성읍에 나타나면 그 나라의 선비들이 많이 쫓겨났다"라고 노래하였다. 이 시구에 대해서는 다른 해석이 있으나 신화학자 원가(袁珂)는 이 시구의 속뜻을 단주가 남방으로 쫓겨 간 것은 억울한 일이라고 보고 있다.

chapter3

요·순 선양에 얽힌 이야기

형의 제위를 찬탈한 요堯

앞에서 언급하였듯이 요가 자신의 아들 단주를 제쳐두고 제위를 물려준 순이 과연 정말로 성군이었을까 하는 점을 밝히는 일은 매우 흥미로운 일이 아닐 수 없겠다. 문헌을 조사하다보면 순에 대한 내용뿐 아니라, 요가 제위에 오를 때도 우리가 상식적으로 알고 있는 많은 내용이 왜곡일 수 있음을 발견하게 된다.

세상에서 우순(虞舜)을 대효(大孝)라 일러 오나 순은 천하의 대불효니라. 그 부친 고수(高叟)의 악명이 반만년 동안이나 사람들의 입에 오르내리게 하였으니 어찌 한스럽지 않으리오. 세상에서 요순지치(堯舜之治)를 일러 왔으나 9년 홍수는 곧 창생의 눈물로 일어났나니 요(堯)는 천하를 무력으로 쳐서 얻었고, 형벌(刑罰)은 순(舜)으로부터 나왔느니라.

(『도전』 4:30:1~3)

'요순시대를 상징하는 단어' 하면 떠오르는 것은 '고복격양(鼓腹擊壤)' 이란 성어이다. 요임금이 나라를 다스리던 시절에 한 노인이 자신의 배를 두드리고 땅을 치면서 요의 덕을 찬양하고 태평성대를 즐겼다는 고사에서 유래한 말인데, 이 말 속에는 요임금 시대는 태평성대라고 하는 등식이 암시되어 있다.

그러나 증산 상제는 '요는 천하를 무력으로 쳐서 얻었고, 사람들을 억압하는 형벌제도는 순으로부터 나왔다'고 언급하고 있다. 우리들이 지금까지 '요순시대는 태평성대'라고 생각해왔던 일반적인 상식을 무너뜨리는 내용이다.

어떤 것이 진실인지는 역사 사료를 조사해보면 밝혀지는데 결론적으로 요와 순의 시대는 우리가 알고 있는 것처럼 그렇게 이상적인 시대였던 것만은 아님이 분명하다.

앞에서도 말했듯이 요의 아버지는 제곡이다. 『제왕세기』에 의하면 제곡에게는 전부 네 명의 비(妃)가 있었다. 첫째는 태씨(邰氏)의 딸 강원(姜嫄)으로서 후직(后稷)을 낳고, 둘째는 융씨(娀氏)의 딸 간적(簡狄)으로서 설(卨, 契)을 낳고, 셋째는 진봉씨(陳鋒氏)의 딸 경도(慶都)로서 방훈(放勛), 즉 요를 낳고, 넷째는 추자씨(娵訾

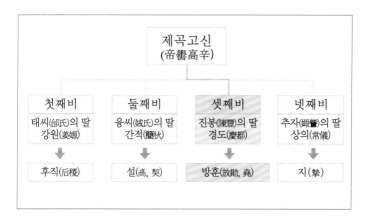

제곡고신
(帝嚳高辛)

첫째 비	둘째 비	셋째 비	넷째 비
태씨(邰氏)의 딸 강원(姜嫄)	융씨(娀氏)의 딸 간적(簡狄)	진봉(陳豐)의 딸 경도(慶都)	추자(娵訾)의 딸 상의(常儀)
↓	↓	↓	↓
후직(后稷)	설(卨, 契)	방훈(放勛, 堯)	지(摯)

氏)의 딸 상의(常儀)로서 지(摯)를 낳았다.

『사기』「오제본기」에 의하면, 원래 요의 아버지 제곡이 승하한 후 맏아들 지(摯)가 제위를 계승하였는데 그가 정치를 잘 하지 못하여 동생인 요가 제위를 선양 받았다고 기록이 되어 있다.

여기서 왜 제곡이 첫째 비 소생인 후직에게 제위를 물려주지 않고 넷째 비의 자식인 지에게 제위를 물려주었을까 하는 의문이 들기도 하겠으나, 의외로 그 이유는 간단하다. 단지 지가 형제들 중에서 나이가 가장 많은 맏아들이라는 이유였다.

그런데 지는 재위한 지 9년 만에 자신의 정치 세력이 미약해지게 된 반면, 요는 꾸준히 그의 세력을 키워 점점 강성해져간다. 이에 각 제후들은 자신의 목숨과 자리를 보전하고자 요에게 귀순하게 되었고 지도 할 수 없이 신하들을 이끌고 가 요에게

제곡고신씨 | 오제의 한 사람으로서 요의 아버지이다.

제위를 넘겨주게 된 것이다. 요는 제위에 오른 후 지를 고신(高辛)이란 곳에 봉해주었다.

즉 사료에는 지가 실수를 많이 하고 리더십이 부족하여 요에게 민심이 넘어갔다고 적어놨지만, 이미 임금이 있음에도 불구하고 요가 여러 차례 정벌 전쟁을 벌이고 세력 확장을 꾀하였다는 것은 요가 자신의 형인 지를 임금으로 인정하지 않았음을 증명하는 것으로 해석해도 크게 무리는 없으리라 생각한다. 결국 그는 이복형 지의 제위를 빼앗고 통치자로 등극하였다.

창생의 눈물로 일어난 대홍수

전한(前漢) 즉 서한(西漢)의 동중서(董仲舒 기원전 170?~기원전 120?)에 의하면, 인간의 활동은 '하늘'로부터 반응을 얻는데, 특히 하늘을 대신해서 백성을 다스리는 임금의 행위 잘잘못에 대해 하늘이 직접 '부서(符瑞)'를 내려 장려하거나 재앙을 내려 경고를 한다.

또 백성이 불충하거나 불효해서 임금과 아버지에게 죄를 짓는 것은 하늘에게 죄를 짓는 것이며 하늘의 징벌을 받게 된다. 즉 하늘은 인간사에 간여할 수 있고 인간의 행위도 하늘에 감응될 수 있으며, 자연계의 재앙과 상서로움은 하늘이 인간에 대한 견책과 표창을 나타내는 것이다. 이것이 이른바 '천인감응설(天人感應說)'이다.

때문에 가뭄이나 홍수 등 각종 천재지변이나 재난 발생, 혜성 출몰 등의 이상현상이 발생하면 모두 임금이 실덕(失德)한 탓으로 생각하여 왔다.

천하를 무력으로 차지한 요의 시대에도 각종 재앙이 끊이지 않았다. 증산 상제의 말씀과 같이 요가 자신의 사욕을 위하여 끊임없이 전쟁을 벌여 천하를 도탄에 빠뜨리자 창생들의 원한이 하늘에 충천하여 그 앞길을 막은 것일까? 당시에는 일찍이 유례가 없을 정도의 대홍수가 오랫동안 계속되어 백성들이 먹을 것과 입을 것과 살 곳을 잃었으며, 이로 인해 수많은 사람들이 부지기수로 목숨을 잃었다.

『사기』「오제본기」에 보면 요가 수년간 계속된 홍수에 대하여 탄식하는 장면이 나온다.

요가 다시 말하였다. "아, 사악(四嶽)들이여, 저 탕탕한 홍수가 하늘에 가득차서 흙탕물이 넘치고 있고, 물이 산을 끼고 광대하게 흘러 높은 언덕을 삼키고 있소. 백성들이 큰 근심을 하고 있는데 누가 능히 다스릴 수 있겠소?"[8]

당시의 홍수 발생에 관해서는 『사기』뿐 아니라, 동일한 내용이 『상서』「요전」편과 『산해경』「해내경(海內經)」편에도 단편적인 기록이 있으며, 보다 구체적인 것은 『맹자』의 「등문공상(藤文公上)」편과 「등문공하(藤文公下)」편에 잘 나타나 있다.

요 임금 때 천하가 아직 평안하지 못하여 홍수가 횡류하여 천하에 범람하였다. 초목은 무성하고 금수는 수가 엄청나게 불었으며, 오곡이 제대로 익지 못하고 금수가 사람에게 달려들었다. 들짐승과 날짐승의 발자국으로 생긴 길이 중국에 교차하였다.[9]

요 임금 때 물이 역류하여 중국에 범람하였다. 사룡이 우글거려 백성이 자리를 잡을 수 없었다. 낮은 지역의 사람들은 나무 위에 둥지를 짓고, 높은 지역의 사람들은 굴을

---

8) 堯又曰：'嗟, 四嶽, 湯湯洪水滔天, 浩浩懷山襄陵, 下民其憂, 有能使治者?'(『史記』「五帝本紀」)

9) "當堯之時, 天下猶未平, 洪水橫流, 氾濫於天下. 草木暢茂, 禽獸繁殖, 五穀不登, 禽獸繁人. 獸蹄鳥跡之道, 交於中國."(『孟子』「滕文公上」)

파고 살았다.¹⁰⁾

홍수는 요 시대를 지나 순의 시대에 이르기까지 계속되었다. 순의 시대에 홍수로 인해 당시 치수(治水) 책임자였던 우(禹)의 아버지 곤(鯀)은 우수(羽水)라는 지역으로 추방된 뒤 그곳에서 죽었다. 그후 아버지 대신 황하 전역의 치수사업을 담당했던 우가 치수에 성공하면서 각 지역의 민심을 얻어 세력을 키운 뒤, 결국 순의 제위를 빼앗아 하(夏)나라를 세우게 된다.

순은 진정 대효大孝였는가

그 다음 순에 대해서 살펴보면, 순은 '우순(虞舜)'이라고 하는데, 여기서 '우'는 나라이름이며 '유우씨(有虞氏)'라고도 한다. 성은 요(姚), 이름은 중화(重華)인데 순의 눈동자가 두 개라서 중화라고 하였다는 전설이 있다. 그런데 역사상 고대의 성군이며 대효로 일컬어지는 순에 대해 증산 상제는 기존의 역사관을 깨뜨리고 순을 '천하의 대불효'라고 하였다. 이유가 동일하지는

---

10) "當堯之時, 水逆行, 氾濫於中國. 蛇龍居之, 民無所定. 下者爲巢, 上者爲營窟."(『孟子』「滕文公下」)

않지만 흥미롭게도 앞에서 언급한 『장자(莊子)』 「도척(盜跖)」편에서도 순이 불효자임을 밝히고 있다.

> 순은 효성스럽지 못했다.(舜不孝)

이에 대해 『장자』에 대해 권위 있는 주석을 한 성현영(成玄英)은 『장자소(莊子疏)』에서 다음과 같이 주석을 하였다.

> 순은 아버지한테 미움을 받았다.(舜爲父所疾)

또 한비자(韓非子 기원전 280?~기원전 233)도 이와 같은 논조의 말을 하고 있다.

> "고수는 순의 아버지이나 순이 그를 추방하였고, 상은 순의 동생이나 순이 그를 죽였다. 아버지를 추방하고 동생을 죽였으니 어질다(仁)고 말할 수 없다. 요의 두 딸을 아내로 삼고 요의 천하를 탈취하였으니 의롭다(義)고 말할 수 없다. 어짊과 의로움이 없으니 밝다(明)고 말할 수 없다."[11]

이 기록은 사람들이 일반적으로 알고 있는 『맹자』 「만장상(萬章上)」편 및 『사기』 「오제본기」의 내용과 크게 달라 매우 흥미롭

---

11) "瞽瞍爲舜父而舜放之, 象爲舜弟而殺之. 放父殺弟, 不可謂仁; 妻帝二女而取天下, 不可謂義. 仁義無有, 不可謂明."(『韓非子』「忠孝」)

다. 즉 순의 어머니가 죽은 뒤 고수는 다시 아내를 얻어 순의 배다른 동생인 상(象)을 낳았고, 후에 고수와 상은 여러 차례에 걸쳐 순을 살해하려고 하였다. 그러나 순은 아버지에게 효도하고 동생을 사랑하는 도리를 저버리지 않았으며, 천자가 된 후에도 아버지에게 문안을 하고 상을 제후로 봉했다는 것이 통설이다.

한비자가 당시에 자신의 논설을 정당화시키기 위하여 황당한 이야기를 꾸몄다고는 보기 힘들고, 자신이 알고 있는 그대로 고사를 인용하여 논설을 전개했다고 보아야 할 것이다.

증산 상제가 '순이 대불효'라고 말한 것에는 미치지 못하나, 『한비자』의 기록을 통해 볼 때 적어도 순이 대효라고 한 것은 요순선양설을 미화시키기 위한 유가의 윤색일 가능성이 더욱 농후하다고 할 수 있다.

어쨌든 순은 아버지인 고수의 말을 거역하지 못하고 자신을 음해하려는 의도를 알고 있었음에도 그대로 따름으로써 결국 고수가 새 부인에 동조하여 자식을 학대하고 죽이려고 한 나쁜 아버지의 대명사로 수천년의 역사 동안 인구에 회자(膾炙)되게 하였던 것이다.

비근한 예를 들면 『삼국연의』에서는 유비(劉備 161~223)를 정통의 위치에 놓기 위해 조조(曹操 155~220)를 간웅으로 묘사하고 있다. 그러나 실제로 조조는 당시 중원을 차지하고 있었고 또 국가의 상징인 옥새도 확보하고 있었기에 그가 비록 찬탈을 하였다해도 역사적 정통성은 조조 일가에 있었다.

단지 후한(後漢)의 국성인 유씨성의 유비에게 정통성을 부여하기 위해 조조는 뛰어난 전술 전략과 인재 등용을 기반으로 위(魏) 나라 개국의 초석을 다졌음에도 불구하고 난세의 간웅으로 전락하고 만 것이다.

이와 마찬가지로 순이 정통성을 확보하고 이상적인 군주가 되기 위해서는 그의 주변 인물들, 특히 정통성 논쟁이 붙을 수 있는 단주와 같은 사람은 악역을 담당할 수밖에 없었다. 또한 가정에서는 순의 아버지 고수와 순의 계모, 이복동생 상(象)도 그 역할에서 크게 벗어날 수 없었다.

세계 최초로 형벌을 제도화한 순의 시대

순의 시대가 덕치로만 다스려지지 않았다는 사실은 당시에 세계 최초로 형벌 제도가 만들어졌다는 기록을 통해서도 잘 알 수 있다.

『상서』「순전(舜典)」편에는 다섯 가지 형벌인 오형(五刑)에 관한 기록이 나오고, 또 순 임금이 고요(皐陶)에게 옥관(獄官)의 수장이 되어 사건의 실상을 밝게 살펴서 공정하게 처리하라는 내용이

나온다. 한편 당 나라 때의 법률 주석서인 『당률소의(唐律疏議)』에는 "고요가 감옥을 만들었다"라고 명확하게 기록되어 있다.

오늘날 세계사를 배우게 되면 통상 "인류 최초의 법은 고대 바빌로니아 제1왕조의 6대왕인 함무라비(재위 : 기원전 1792~기원전 1750)가 그의 재위 말년인 기원전 1750년경 제정한 법(일명 함무라비법전 : 총 3,000행으로 전문 282조의 설형문자로 기록)으로 알고 있다.

그러나 순(舜)의 재위는 기원전 2255년~2208년 정도로 추정되고 있어 『상서』의 내용을 그대로 인정하면 결국 세계 최초로 형벌을 제도화 한 것이 된다.

형벌 제도가 시행되었다 함은 국가를 유지하기 위해 강권을 발동했다는 것을 의미한다. 또 실제로 당시 순은 자신의 등극에 복종하지 않는 많은 세력들을 소멸시키기 위해 수많은 정벌 전쟁을 일으켰으며, 말년에도 단주를 옹호하는 남방의 삼묘(三苗)를 정벌하러 갔다가 결국 창오(蒼梧, 지금의 광서 장족자치구의 창오현)에서 비명횡사를 한다.

따라서 『논어』「위령공」편에서 공자가 말한 것처럼[12], 순이

---

12) 子曰: "無爲而治者, 其舜也與? 夫何爲哉, 恭己正南面而已矣." (『論語』「衛靈公」)

남면(南面)[13]을 하고 단정하게 앉아서 아무런 일도 하지 않고 천하를 잘 다스렸다 하여 그 시대를 이상사회의 전형으로 본 시각은 아무래도 수긍하기 어렵다.

『사기』의 요순선양설은 어떠한 내용인가

사마천(司馬遷 기원전 145~기원전 90?)은 『사기』의 「오제본기」와 「하본기(夏本紀)」에서 전대에 내려오는 여러 기록에 근거해서 선양(禪讓) 이야기의 전말을 비교적 상세하게 서술하였다고 하는데, 이를 소개하면 다음과 같다.

요는 재위한 지 70년이 지나자 후계자를 양성할 생각을 하였다. 그런데 자신의 맏아들 단주는 불초하였다. 천하 사람들을 생각한다면 제위를 단주에게 전해줄 수는 없었다. 그래서 요는 사악(四嶽)을 소집하여 회의를 열고 함께 후계자 추대 문제를 상의하였다. 사악은 네 곳의 산을 나누어 다스리는 제후들을 말한

---

13) 남면이라는 말은 제왕이 북쪽에 앉아서 남쪽을 향해 신하들을 대면하는 것에서 나왔으며 제왕이 나라를 다스린다는 뜻이다. 그래서 예로부터 제왕이 갖추어야 할 덕을 '남면지덕(南面之德)'이라 하고, 제왕의 자리를 '남면지위(南面之位)', 제왕의 지위를 '남면지존(南面之尊)'이라고 하는 것이다. 또 신하의 자리나 신하가 제왕을 섬기는 것을 북면(北面)이라고 한다.

다. 요가 사악에게 자문을 구하였다.

"여러분 중에 천명에 순응해서 나의 자리에 앉아 천하를 통치할 사람이 있겠소?"

사악은 이 말을 듣고서는 모두 스스로를 아는 현명함을 갖추고 있는지라 자신들은 덕이 부족하여 이 직책을 감당하기 어렵다고 생각하였다. 이에 그들은 공동으로 순을 요에게 추천하면서 순이 반드시 이 일을 감당할 수 있을 것이라고 진언하였다.

사실 요도 여러 차례에 걸쳐 순이 민간에서 행한 모범적인 덕행에 대해서 들은 적이 있었다. 그러나 양위문제는 천하의 중대사이므로 그때부터 순에 대해 다방면에 걸친 엄격한 시험을 하였다. 예를 들면 자신의 두 딸인 아황과 여영을 순에게 시집보내서 순이 집안을 다스리는 방법을 관찰하였고, 다시 아홉 아들을 순과 같이 살게 해서 집밖에서 드러나는 그의 행동을 살폈다.

또 요는 순에게 오교(五敎)와 백관(百官)의 일을 담당하게 해서 사도(司徒)의 직책으로써 그를 시험하였다. 그 결과 순은 집안을 다스리는데 훌륭하였을 뿐 아니라 직책을 수행하는데도 뛰어난 능력을 발휘하였다.

이리하여 요는 크게 기뻐하였지만 더욱 확실하게 하기 위해서 순에게 산림천택(山林川澤)에 들어가게 하였는데, 순은 폭풍이나 폭우 속에서도 길을 잃지 않았다(烈風雷雨不迷). 이렇게 해서

순의 일가 (아버지 고수, 어머니, 두 아내 아황과 여영) (『열녀전(列女傳)』인용)

요는 순을 믿게 되었다.

이어서 다시 순에 대해 다각도로 나라 다스리는 능력을 키우는 훈련을 시켰다.

『사기』에 의하면 장장 28년 동안 온갖 시험과 훈련을 거쳐서야 비로소 안심하고 순에게 제위를 선양하였다.

요가 선양을 하고 승하하자 삼년상을 마치고 난 후 순은 여전

히 겸양의 미덕을 발휘하여 제위를 요의 맏아들인 단주에게 전해주고 자신은 남하(南河)의 남쪽으로 숨어버렸다. 그러나 이때 순이 천자가 되는 일은 이미 여러 제후들에게 승인이 된 것이라서 제후들은 순에게 조근(朝覲)하러 가고 단주에게 가지 않았다. 또 소송 문제도 순에게 의뢰하고 단주에게는 하지 않았으며, 순의 덕을 노래하고 단주를 노래하지 않았다. 순은 이렇게 되자

할 수 없이 제위에 오르게 된다.

순이 천하를 통치한 지 수 년 후에 다시 동일한 '선양'의 방법으로 불초하다고 전해진 아들 상균(商均)에게 제위를 전하지 않고 현능한 우(禹)에게 선양하였다.

이것이 바로 사마천이 기록한 '선양' 이야기의 전말이다.

요순선양설의 진실

춘추필법에 의한 요순선양설의 왜곡

요가 이성(異姓)인 순에게 천자의 자리를 전해주었다는 이른바 요순선양설은 춘추전국시대 제자백가들이 자신들의 정치이상을 주장하기 위하여 당시 널리 전파되어 있던 요·순 간의 정권이양에 관한 전설을 미화시킨 것인데, 이 과정에서 일부 사실(史實)이 왜곡되었다.

즉 제위가 순에게로 전해진 것은 사실이나 요의 아들 단주가 불초한 결과로 인한 것이 아니라 순의 세력이 커져 힘으로써 제위를 차지한 것이다. 요순선양설 속에는 선진제자(先秦諸子) 특히 묵가(墨家)와 유가(儒家)의 이상이 내포되어 있고, 춘추·전국시대의 사회상이 많이 반영되었다.

유가의 개창자인 공자는 『시(詩)』, 『서(書)』, 『역(易)』, 『춘추(春秋)』, 『예(禮)』, 『악(樂)』 등 이른바 육경(六經)의 편찬에 직간접으로 간여하였다. 특히 그는 『춘추』를 지었다 하여 역사학의 시조로 추앙되기도 한다. 『춘추』를 편찬하면서 그는 이른바 '춘추필법(春秋筆法)'을 구사하였다. 역사적 사실을 기술하면서 글자를 가려 씀으로써 칭찬하거나 비난하는 방식을 취한 것이다. 그래서 '춘추직필(春秋直筆)'이라고도 부르는 이 춘추필법은, 『춘추』의 글에 공자의 역사비판이 나타나 있다고 하는 데서 비롯된 것이다. 이것이 점차 발전하여 『춘추』와 같이 비판적인 태도로 오직 객관적인 사실에만 입각하여 기록하는 것을 의미하게 되었다. 그러니 후세 사람들은 공자가 편찬한 육경을 모두 객관적인 사실이라고만 여기게 되었다.

유가의 경전 '사서(四書)' 중의 하나인 『중용(中庸)』 「30장」에 보면, "공자가 조술요순(祖述堯舜), 헌장문무(憲章文武)했다"라는 유명한 말이 나온다. 조술은 조상으로 삼아 전하여 기술하였다는 뜻이요, 헌장은 법으로 삼아 드러내 밝혔다는 뜻이다. 그러므로 이 말은 공자가 요와 순의 도를 조상으로 삼아 전하여 기술하였고, 문왕과 무왕의 도를 법으로 삼아 드러내 밝혔다는 의미이다.

그는 『서』, 즉 『상서』를 편찬하면서 요와 순을 처음으로 삼아 그들의 언행과 사적을 기록한 「요전(堯典)」편과 「순전(舜典)」편을 첫머리에 두었다. 그런데 그 「요전」편에 단주가 부정적으로 묘사됨으로써 후세의 유가를 표방하는 사람들은 그 내용을 금과옥조로 여기고 무비판적으로 이를 답습하고 확대발전시켰던 것이다.

요·순·우·탕·문·무·주공이라는 유가의 도통(道統)에서 알 수 있듯이 유가에서 요와 순은 고대 성군의 가장 바람직한 이상형이다. 그러나 그들이 이상형으로 받들어지기 위해서는 그들과 관계되는 주변의 인물들은 그들의 치적을 포장하기 위한 조역 내지는 그들의 현명함을 부각시키기 위한 악역을 맡을 수밖에 없었다.

무력으로 요를 굴복시키고 천하를 차지한 순

실제로 춘추전국시대에는 선양설만 있었던 것은 아니고 『순자』, 『한비자』 등과 같이 이를 정면으로 비판한 기록도 이미 있었다. 요순선양설을 비판한 기록들에 따르면, 요와 순 사이는 '선양'이 있었던 것이 아니고 오히려 격렬한 쟁탈이 있었다.

역사 문헌을 살펴 보면, 최초로 분명하게 선양설을 정면으로 비판한 사람은 순자(荀子 기원전 313?~기원전 238)라고 할 수 있다. 그는 『순자』 「정론(正論)」편에서 요순선양설을 '세속에서 만들어 낸 말'이라고 하였고, 천자는 지존의 위치에 있기 때문에 천하에 필적한 만한 사람이 없으며 제위를 누구에게도 양보한 적이 없다고 주장하였다. 순자는 "요순선양설은 거짓말이며 천박한 사람이 전한 것이고 지식이 비루한 사람이 말한 것인데, 그들은 순역(順逆)의 이치와 작은 것과 큰 것, 이르고 이르지 않는 변화를 모르는 사람들로서 함께 천하의 큰 이치를 말할 수 없다"라고 단언하였다.[14]

전국시대 말엽의 법가(法家)인 한비자는 근본적으로 요·순 고사의 존재 자체를 부인하였고 이러한 것들은 완전히 유가와 묵가가 조작한 것으로서 확실한 증거 자격이 없다고 주장하였다. 뿐만 아니라 선양설은 '신하가 군주를 시해한(臣弑君)' 결과라고 말하였다. 『한비자』 「설의(說疑)」편을 보면 "순이 요를 핍박하고, 우가 순을 핍박하였으며, 탕이 걸을 축출하고 무왕이 주를 토벌하였는데, 이 네 명의 왕은 신하가 자기의 군주를 시해하였지만 천하 사람들은 그들을 칭송한다"[15]고 말하였다. 또한 같은 책

---

14) 世俗之爲說者曰, '堯舜擅讓.' 是不然. 天子者埶位至尊, 無敵於天下, 夫有誰與讓矣! …… 諸侯有老, 天子無老, 有擅國, 無擅天下, 古今一也. 夫曰, '堯舜擅讓.' 是虛言也, 是淺者之傳, 陋者之說也, 不知逆順之理, 小大至不至之變者也, 未可與及天下之大理者也.(『荀子』 「正論」)

15) 舜偪堯, 禹偪舜, 湯放桀, 武王伐紂, 此四王者, 人臣弑其君者也, 而天下譽之.(『韓非子』 「說疑」)

「충효(忠孝)」편에서는 "요는 군주였으나 자기의 신하를 군주로 섬기고, 순은 신하였으나 자기의 군주를 신하로 삼았으며, 탕과 무왕은 신하이면서 자기의 군주를 시해하고 그 시체를 베었다"[16]고 기록되어 있다.

요와 순의 선양에 대해서는 사실이 아니라는 견해를 넘어서 순이 요를 핍박하여 제위를 찬탈하였다는 견해도 제기되었다. 앞에서 살펴본 바와 같이, 요·순 간의 선양을 미덕으로 강조하는 유가에서 순자도 요·순 간의 선양은 사실이 아니라는 의문을 표명하였다. 심지어 한비자는 요·순 간의 제위이양은 선양이 아니라 '순이 요를 핍박해서(舜偪堯)' 이루어진 것이라고 하였다. 이것은 한비자 개인의 견해가 아니라 전국시대에 널리 퍼져있었던 내용이었다고 보인다.

『죽서기년(竹書紀年)』의 "옛날에 요가 덕이 쇠해서 순에게 구금 당했다(堯德衰, 爲舜所囚)", "순은 요를 구금한 후에 단주를 막아

---

16) 皆以堯舜之道爲是而法之, 是以有弑其君, 有曲於夫. 堯舜湯武或反君臣之義, 亂後世之敎者也. 堯爲人君而君其臣, 舜爲人臣而臣其君, 湯武人臣而弑其主, 刑其尸, 而天下譽之, 此天下所以至今不治者也. 夫所謂明君者, 能畜其臣者也; 所謂賢臣者, 能明法辟治官職以戴其君者也. 今堯自以爲明而不能以畜舜, 舜自以爲賢而不能以戴堯(『韓非子』「忠孝」)

부자지간에 만나지 못하게 하였다(舜囚堯, 復偃塞丹朱, 使父子不得相見也)", 또 『급총쇄어(汲冢瑣語)』의 "순이 평양으로 요를 축출하였다(舜放堯於平陽)", 『급총죽서(汲冢竹書)』의 "순이 평양에서 요를 구금하고 제위를 찬탈하였다(舜囚堯於平陽, 取之帝位)"라는 기록들로 볼 때 순은 무력으로 권력을 장악하고 천하를 차지한 것이다. 순은 요의 아들 단주를 외지에서 막고 그들 부자가 만나는 것을 허락하지 않았다. 또한 "순은 남면해서 서 있고 요는 제후들을 이끌고 북면해서 그를 배알하였다(舜南面而立, 堯帥諸侯北面而朝之)." 이들 기록에 의하면, 요는 순에게 굴복 당한 것이다. 요·순 시대는 원시씨족사회에서 국가 형성 단계의 과도기이므로 힘있는 자에 의한 무력 사용은 보편적인 것이다.

그러나 이 기록들은 『상서』나 『논어』, 『맹자』, 『대학』, 『중용』 같이 요순의 덕을 칭송하고 선양을 이상사회의 전범으로 간주하는 유가 경전의 대의에 위배되기 때문에 후세 유가에 의해 배척당했으며, 시간이 지나면서 파묻혀 전해지지 않게 된 것이다. 특히 이런 내용을 기록하고 있는 『죽서기년』은 유가의 가르침에 배치된다고 하여 종래 정통성을 인정받지 못하였지만 현재는 고고학적인 발굴과 연구에 힘입어 보다 진실에 접근한 역사적인 사실이 기록되어 있다고 인정되어 중시되는 추세이다.

중국 역사를 보면, '부자세습제' 성립 이전에 '권력 쟁탈의 과정' 이 있었다. 요·순 간의 제위 이양은 세습제를 바탕으로 하는 국가 형성 이전에 행해진 추장 추대 제도와 같은 성격을 띤다. 그 가운데에는 권력 쟁탈의 형태가 보인다. 즉 순은 요로부터 제위를 선양의 형식으로 계승하였으나 실제로는 무력으로 요를 굴복시키고 천하를 차지하였던 것이다.

이러한 시대적 배경하에 천하를 통합시키고 화합시키려 한 단주의 웅지가 순에 의해 그 길이 막히게 되자 인류 최초의 역사적인 원한이 태동하게 되었다.

원한의 파급 - 순의 죽음과 소상반죽의 전설

대저 당요가 그 아들 단주를 불초(不肖)하다 하여 천하를 맡기지 않고 그의 두 딸과 천하를 순(舜)에게 전하여 주니 단주의 깊은 원을 그 누가 만분의 하나라도 풀어 주리오. 마침내 순이 창오(蒼梧)에서 죽고 두 왕비는 소상강(瀟湘江)에 빠져 죽었느니라. (『도전』2:24:6~8)

당요가 단주를 불초히 여겨 두 딸을 우순(虞舜)에게 보내고 천하를 전하니 단주가 깊은 원을 품은지라 마침내 그 분울(憤鬱)한 기운의 충동으로 우순이 창오(蒼梧)에서 죽고 두 왕비가 소상강(瀟湘江)에 빠져 죽는 참혹한 일이 일어났나니 이로 말미암아 원의 뿌리가 깊이 박히게 되고 시대가 지남에 따라 모든 원이 덧붙어서 드디어 천지에 가득 차 세상을 폭파하기에 이르렀느니라. (『도전』 4:17:3~5)

예로부터 전해오는 순과 두 왕비의 죽음에 관련된 전설이 있다. 바로 '소상반죽(瀟湘斑竹)'에 얽힌 이야기다.

순은 재위한 지 39년 되는 해에 남쪽의 형산(衡山)으로 순수(巡狩)를 하여 삼묘를 정벌한 후 구봉산(九峯山)으로 갔다가 창오의 들녘에서 사망하였다. 『급총쇄어』에는 "순이 우에게 창오로 쫓겨나서 죽었다"고 기록하였다. 이때 정벌에 따라 갔던 순의 비 아황과 여영은 동정호 안에 떠 있는 군산(君山)에 머무르고 있었는데, 남편인 순이 죽었다는 소식을 접하고 서로 부둥켜 앉고 통곡을 하였으며 마침내 소상강에서 죽었다.

그 때 뿌려진 눈물이 주

소상반죽

위 대나무에 떨어졌는데 눈물의 흔적이 대나무에 남아 반점이 되었다. 사람들은 이 반점이 있는 대나무를 소상반죽이라고 부르게 되었다. 아황과 여영은 죽은 후 상강의 신이 되었다고 하여, 상부인(湘夫人)이라고 하며 상군(湘君), 상령(湘靈)이라고도 불린다.

군산은 호남성 악양시(嶽陽市) 서남쪽 동정호(洞庭湖) 가운데 떠 있으며 상산이라고도 불린다. 이 군산에는 아황과 여영의 무덤이라고 하는 상비묘(湘妃墓)가 있고, 또 그들의 사당인 상산사(湘山祠), 상녀사(湘女祠) 혹은 상녀묘(湘女廟)라고도 불리는 상비사(湘妃祠)가 있다.

동정호와 상수의 위치

물 맑고 깊은瀟상강湘江

소상강은 바로 상강을 말한다. 여기에서 '소'는 강 이름인 소수(瀟水)를 의미하는 것이 아니고 물이 맑고 깊다는 뜻이다. 소상강은 소수와 상강의 병칭이라고 하기도 한다. 실제로 고대 문헌에서 소수와 상강의 병칭으로 사용하면서 지금의 중국 호남성 지역을 가리키기도 하였다.

소수는 호남성 영원현(寧遠縣) 남쪽의 구의산(九嶷山)에서 발원하여 영주시(永州市) 서북쪽으로 갔다가 상강으로 들어간다. 상강은 광서성에서 발원하여 호남성으로 흘러 들어가는 호남성 최대의 강이다. 소수가 상강으로 합류하기 때문에 소수와 상강을 병칭해서 소상강이라고도 하는 것이다.

그러나 북위(北魏) 때의 학자 역도원(酈道元)이 저술한 하천지(河川誌)인 『수경주(水經注)』 「상수(湘水)」편에 보면, "두 왕비는 정벌에 따라 나섰다가 상강에 빠져죽었고, 신이 되어 동정호에서 노닐며 소상강가를 드나든다. '소'는 물이 맑고 깊다는 의미이다"라고 명확하게 설명을 한 바, 소상강은 상강의 물이 맑고 깊기 때문에 붙여진 이름이라는 것을 알 수 있다.

상비湘妃, 상군湘君은 누구인가?

반죽은 줄기에 자갈색의 반점이 있는 대나무를 말하며, 상강 주변에서만 자라기 때문에 상죽(湘竹), 상강죽(湘江竹), 상비죽(湘妃竹), 상군죽(湘君竹)이라고도 한다.

서진(西晉) 때의 장화(張華 232~300)가 쓴 『박물지(博物志)』권8에 의하면 "요의 두 딸은 순의 두 왕비로서 상부인이라고 불리는데 순 임금이 죽자 두 왕비는 통곡하면서 눈물을 대나무에 뿌렸는데 대나무에 모두 반점이 생겼다"고 한다.

상군(湘君)이 누구인가에 대해서는 역대로 여러 가지 주장이 있다.

『사기』「진시황본기(秦始皇本紀)」와 한대 유향(劉向 기원전 79~기원전 8)의 『열녀전(列女傳)』「유우이비(有虞二妃)」에서는 아황과 여영이라고 보는 반면, 『초사(楚辭)』의 최고 권위자인 한대 왕일(王逸)은 "상강에는 본래부터 상군이라는 수신(水神)이 있다"고 말하고 있다.

또 『산해경』에서는 "천제의 두 딸이 상강에 살다가 신이 된 것을 말한다"고 하였고, 청대 학자 조익(趙翼 1727~1814)은 청대 고증학을 대표하는 저작의 하나인 『해여총고(陔餘叢考)』에서 상군과 상부인은 요의 두 딸이 아님을 논변하고 "상강에 사는 남자신"이라고 주장하였으며, 당대의 유명한 문장가 한유(韓愈

상비사에 그려진 벽화 | 순의 말년에 일어난 사건이라 실제 두 왕비 역시 노인의 모습
이었겠으나, 중국인들의 서정성이 가미되어 젊은 부인들로 그려졌다.

768~824)는 "상군은 요의 장녀이면서 순의 정비인 아황이고, 상
부인은 요의 차녀인 여영을 말한다"고 나름대로 구체적인 증명
을 하였다. 어찌되었던 예로부터 상군과 상부인이 누구인가에
대해서 많은 관심이 있었던 것은 틀림이 없다.

더구나 상강과의 관련성 때문에 후세 사람들은 아황과 여영
을 상비(湘妃), 상파선자(湘波仙子)로 부르기도 하였다.

또한 『사기』 「진시황본기」에는 상군과 관련된 다음과 같은 사
건이 기록되어 있다. 진시황 28년(기원전 218년)에 실제 있었던 이
야기이다.

　　진시황이 강을 건너다가 상산사에 이르렀을 때 거센 바
　람을 만나 건널 수가 없었다. 진시황이 수행한 한 박사에

게 물었다.

"상군은 어떤 신인가?"

박사가 대답하였다.

"들은 바에 의하면 요의 딸이자 순의 처이온데, 이곳에 장사지냈다고 합니다."

그러자 진시황은 크게 노하며 죄수 3천 명을 동원해서 상산의 나무를 모두 베어버리게 해서 그 산을 민둥산으로 만들어버렸다.[17]

소상반죽에 관한 전설이 워낙 드라마틱하기 때문에 역대의 수많은 시인묵객들이 이를 주제로 노래를 하였다. 『초사』를 비롯하여 당대의 이백, 두보, 백거이, 유우석 등 이름만 대면 우리가 알 만한 시인들이 대부분 이에 관한 노래를 한 적이 있다.

---

17) 浮江, 至湘山祠. 逢大風, 幾不得渡. 上問博士曰: "湘君何神?" 博士對曰: "聞之, 堯女, 舜之妻, 而葬此." 於是始皇大怒, 使刑徒三千人皆伐湘山樹, 赭其山.(『史記』「秦始皇本紀」)

소상팔경

한편 소상강과 관련된 것으로 소상팔경(瀟湘八景)이 있다. 소상팔경은 소상강의 아름다운 경치 중에서 특히 빼어난 여덟 경치를 말한다. 여기서 소상을 기존에는 모두 소수와 상강이 만나는 곳이라고 하였으며 심지어 국립중앙박물관의 설명에서조차 무비판적으로 이를 답습하고 있는데, 이는 명백한 잘못이다. 소상은 마땅히 소상강 즉 상강을 말한다.

중국 북송 때 송적(宋迪)에 의해 그림으로 그 정형이 성립되었다. 소상팔경도는 중국 뿐 아니라 우리나라와 일본에서도 대단

안견의 소상팔경도 (국립중앙박물관 소장)

히 사랑을 받았다. 우리나라에서는 고려 시대부터 그려졌으나 지금 남아 있는 작품은 없고, 명종(1171~1197) 때 이광필(李光弼)이 어명으로 「소상팔경도」를 그렸다는 기록이 있다. 조선 시대에는 산수화의 소재로 즐겨 채택되었으며, 조선 중기의 이징(李澄), 김명국(金明國), 후기의 정선(鄭敾), 심사정(沈師正), 최북(崔北) 등이 명작을 남긴 것으로 알려져 있다.

소상팔경도는 1년 사계절의 특징을 여덟 폭에 효과적으로 나타내었는데, 순서는 작가에 따라 약간의 출입이 있다. 우리에게 「몽유도원도」로 유명한 조선 초기의 화가 안견(安堅)의 「소상팔경도」를 보면, 제1폭은 봄기운이 짙은 아침나절 풍경인 산시청람(山市晴嵐), 제2폭은 안개에 휩싸인 저녁 종소리 울리는 산사의 모습인 연사모종(煙寺暮鐘), 제3폭은 소상강의 밤비 내리는 풍경인 소상야우(瀟湘夜雨), 제4폭은 멀리 포구로 돌아오는 돛단배의 모습인 원포귀범(遠浦歸帆), 제5폭은 평평한 모래펄에 기러기가 내려앉는 정경인 평사낙안(平沙落雁), 제6폭은 가을 달빛 비치는 동정호의 모습인 동정추월(洞庭秋月), 제7폭은 어촌의 저녁노을인 어촌석조(漁村夕照), 제8폭은 저녁 눈 내리는 강과 하늘의 모습을 담은 강천모설(江天暮雪)이다.

'소상팔경' 이란 주제로 상당수의 한시와 시조가 창작되기도 하였다. 밝혀진 바에 의하면, 471수의 한시(漢詩)와 81수의 시조에 소상팔경이 노래되었고, 심지어 판소리 「춘향가」, 「심청가」, 「흥보가」, 「수궁가」 등에도 소상팔경가(歌) 대목이 들어 있다.

보물 제1329호 「백자청화소상팔경문팔각연적」
(국립중앙박물관 소장)

소상팔경도는 선비들의 아취를 위해 연적에도 그려졌으니, 국립중앙박물관에 수장된 보물 제1329호 「백자청화소상팔경문팔각연적(白磁靑畵瀟湘八景文八角硯滴)」을 보면 그 아름다움의 절정을 감상할 수 있다. 연적은 벼루에 먹을 갈 때 쓸 물을 담아두는 그릇인데, 고려시대에는 주로 청자로 만들었고 조선시대에는 백자로 만들었다.

chapter4

단주 해원의 참 뜻

원한으로 가득찬 세상

해원(解冤)은 문자적으로는 '원을 풀다' 라는 의미이며, 일반적으로 '사람의 마음 속 깊이 응어리져 있는 억울하고 비통함을 풀다' 로 정의할 수 있다. 그런데 증산도에서는 여기에서 더 나아가 '선천 상극 세상의 인간과 신명의 모든 원과 한을 풀어준다' 는 상당히 포괄적인 의미로 사용한다.

그래서 증산 상제는 원한의 역사의 뿌리인 단주의 원한을 해소하는 것을 시작으로 인간과 신명의 모든 원한을 풀어주는 것이 진정한 의미의 해원이라고 가르치고 있다.

증산도에서는 인류가 지금까지 살아 온 세상을 선천(先天)이라고 말한다. 선천은 후천(後天)을 전제로 한 말이다. 선천과 후천을 말하기 위해서는 먼저 증산도의 우주관 중에서 지구년과 우주년을 이해해야 한다.

지구년이란 지구가 태양을 안고 한 바퀴 돌아가는 주기(즉 1년)를 말한다. 지구년에는 봄, 여름, 가을, 겨울의 사계절 질서가 무한적으로 반복되면서 만물이 생성된다. 이 지구년과 같은 이치로 대우주 천체권에는 낳고, 기르고, 거두고, 쉬는 거대 주기가 있는데, 이것을 우주년이라 한다. 우주년도 지구가 태양을 안고 한 바퀴 돌아가는 것과 똑같은 방법으로 큰 1년, 큰 춘하추동 사계절의 질서로 돌아간다.

이 문제를 최초로 가장 설득력 있고 쉽게 설명한 분이 증산도 안운산 종도사이다. 종도사의 어록집인 『천지의 도 춘생추살』(p24~p26)에 따르면, 지구년은 하루에 360도를 도는데, 여기에 1년 360일을 곱하면 지구의 1년 시간 법칙은 360×360해서 12만 9천6백도로 돌아가게 된다. 이와 마찬가지로 대우주 천체권이 한 바퀴 돌아가는 주기인 우주년은 360×360 해서 12만 9천6백 년이 된다.

우주 1년인 12만 9천6백 년 가운데 봄과 여름에 해당하는 6만 4천8백 년을 선천이라 하고, 가을과 겨울에 해당하는 6만 4천8백 년을 후천이라고 한다.

우주일년 선후천 순환 도표

지금까지 인류는 우주의 봄과 여름에 해당하는 선천을 살아 왔는데, 이 선천은 상극(相克)의 질서가 지배한다. 상극이란 원래 오행설(五行說)에서 쓰이는 개념으로, 우주 만물의 다섯 가지 원소인 금, 목, 수, 화, 토가 서로 제약한다는 뜻에서 나왔으며, 문자적으로는 '서로 제어한다', '대립한다', '경쟁한다'는 의미를 가지고 있다.

봄과 여름에 생명을 낳아 기르는 이치이자 원동력이기도 한 상극 질서는 인간의 삶과 문명에 대해서 대립과 투쟁이라는 결과를 초래하였다. 자연과 인간, 인간과 인간 사이에, 또 문명과 문명 사이에 상호 경쟁과 격렬한 대립을 야기하여 문명을 발전시키는 긍정적 역할을 하면서 대신 온갖 원한과 참혹한 전쟁을 일으켰던 것이다. 이를 증산 상제는 이렇게 말하였다.

> 선천은 상극(相克)의 운(運)이라 상극의 이치가 인간과 만물을 맡아 하늘과 땅에 전란(戰亂)이 그칠 새 없었나니 그리하여 천하를 원한으로 가득 채우므로… (『도전』 2:17:1~3)

> 선천에는 상극의 이치가 인간 사물을 맡았으므로 모든 인사가 도의(道義)에 어그러져서 원한이 맺히고 쌓여 삼계에 넘치매 마침내 살기(殺氣)가 터져 나와 세상에 모든 참혹한 재앙을 일으키나니… (『도전』 4:16:2~3)

즉 상극의 이치로 말미암아 봄여름에 해당하는 선천에는 원한의 기운이 하늘과 땅에 가득 차서 살기를 내뿜고 있다는 것이다. 이러한 원한은 문명의 성장 발전을 위해서는 필연적으로 일어날 수밖에 없는 것이기는 하지만, 개인의 질병 문제, 집안과 사회의 분쟁, 범죄, 국가 간의 전쟁, 나아가 세계 평화에까지 영향을 주는 동력원이 된다. 서로 경쟁 대립함으로써 일어나는 원한의 파동은 인간과 신명계를 비롯한 천지에 쌓이게 되고 그 보복으로 다시 원한이 눈덩이처럼 불어나는 악순환이 확대 재생산되면서 이 세계는 대혼란에 휩쓸리게 되었다.

그런데 이 원한의 뿌리는 인류 역사에서 기록상 최초로 단주에 의해 비롯된 것이다.

단주의 해원은 후천선경 건설의 첫걸음

이제 원한의 역사의 뿌리인 당요(唐堯)의 아들 단주(丹朱)가
품은 깊은 원(寃)을 끄르면 그로부터 수천 년 동안 쌓여 내려
온 모든 원한의 마디와 고가 풀릴지라. (『도전』 2:24:4~5)

헝클어진 실타래를 풀려면 그 처음을 잘 찾아서 방향을 잡고 조심스럽게 풀어야 한다. 이와 마찬가지로 수천 년 간 얼기설기 얽혀서 누적된 모든 원신들의 원한을 풀기 위해서는 원한 기록의 시초가 되는 단주부터 해원을 시켜야 하며 그래야 그것이 단초가 되어 모든 역사적인 신명들의 원한도 풀릴 수 있게 된다.

단주가 뜻을 이루지 못하고 깊은 한을 품어 순이 창오에서
죽고 두 왕비가 소상강에 빠져 죽는 참상이 일어났나니 이로

부터 천하의 크고 작은 모든 원한이 쌓여서 마침내 큰 화를 빚어내어 세상을 진멸할 지경에 이르렀느니라.

그러므로 먼저 단주의 깊은 원한을 풀어 주어야 그 뒤로 쌓여 내려온 만고의 원한이 다 매듭 풀리듯 하느니라.

(『도전』 4:31:3~5)

증산 상제가 단주를 해원시킨 것은 단순히 단주가 수천 년 동안 품은 원한을 풀어주기 위함만은 아니다. 한걸음 나아가 단주를 해원시킴으로써 인류가 생겨나서부터 지금까지 맺고 쌓은 모든 원한을 풀어주기 위함이며, 궁극적으로는 원한을 풀어내는 것이 상생의 평화세계를 건설하는 출발점이기 때문이다. 원한의 문제를 방치한 상태로는 절대로 인류가 꿈꾸는 상생의 평화세계가 열리지 않는다고 진단하고 결론을 내린 것이다.

인류가 수천 년 동안 쌓아온 원한을 어떻게 단주의 해원으로 풀 수 있단 말인가?

증산 상제는 단주의 원한이 천륜을 해친 기록의 시초라고 하였다. 천륜이란 부모 자식 간에 하늘이 정해준 관계이다.

하늘이 정해준 관계! 이것은 곧 우리가 몸담고 있는 이 세계, 대자연의 법칙이기 때문에 이를 어기면 곧 역천(逆天)이 되어 버리고 만다. 또한 천륜은 음(陰)과 양(陽)의 관계와 마찬가지로 도저히 뗄 수 없는 관계를 포괄하여 말하는 바, 우주 전체가 모두

다 이 같은 천륜으로 구성되어 있기 때문에 천륜을 깬다는 것은 곧 이 천지의 존립 근간을 흔드는 격이 된다.

즉 천륜을 해침은 이 세상에서는 용서 받을 수 없는 가장 크고 근원적인 죄악이 된다.

인륜(人倫)보다 천륜(天倫)이 크니 천륜으로 우주일가(宇宙一家)니라. (『도전』 4:29:1)

순이 요와 단주를 떼어놓아 천륜을 해친 사건은 이렇게 부자지간의 천륜 문제가 걸려 있을 뿐 아니라 화합을 대립으로 인류 역사의 방향을 바꾸어 놓았다는데 그 심각성이 있는 것이다.

무릇 머리를 들면 조리(條理)가 펴짐과 같이 천륜을 해(害)한 기록의 시초이자 원(冤)의 역사의 처음인 당요(唐堯)의 아들 단주(丹朱)의 깊은 원을 풀면 그 뒤로 수천 년 동안 쌓여 내려온 모든 원의 마디와 고가 풀리게 될지라. (『도전』 4:17:1~2)

그러므로 단주 해원을 첫머리로 하여 천지대세를 해원의 노정으로 나아가게 하노라. (『도전』 2:24:9)

물고기를 잡는 그물에는 '벼리'라는 것이 있다. 벼리는 그물의 위쪽 코를 꿰어놓은 줄을 말한다. 이 벼리를 위로 잡아당기면 그물 전체가 딸려 올라온다. 이 벼리 하나로 온 그물을 다 조종하는 것이다. 여기에서 의미가 확대되어 어떤 일이나 글의 뼈

대가 되는 줄거리를 벼리라고 하기도 한다.

그래서 사람이나 물건이 아무리 수가 많아도 주장되는 것이 없으면 소용없음을 비유적으로 말하여 '그물이 삼천 코라도 벼리가 으뜸 그물'이라는 속담이 있다. 이 말은 '그물이 열 자라도 벼리가 으뜸'이라고 표현하기도 한다.

증산 상제는 후천의 상생 세상을 열기 위하여 단주의 해원을 이 벼리로 삼고 그 다음으로 만고역신(萬古逆神)들을 해원시켜 온 세상을 원을 푸는 해원의 노정으로 나아가게 하였다.

'역신(逆神)'이란 천하를 바로잡아 건지려는 큰 뜻을 품었으나 시세가 불리하여 뜻을 이루지 못하고 역적의 누명을 쓰고 죽은 신명을 말한다. 만고역신이란 만고, 즉 인류사의 처음부터 지금까지의 모든 역신을 의미한다. 큰 뜻을 이루지 못하고 죽은 것도 한이 될 터인데 이에 더해 구족이 멸망당하는 아픔을 겪은 그들의 원한을 어찌 말로 다 할 수 있으랴!

그리하여 증산 상제는 신명들을 모두 모아서 그들의 사건을 다시 심리하여 옳고 그름을 바로잡아 억울함을 풀어주고, 그들이 의탁할 곳을 정해주어 영원히 안정을 취하도록 조치를 취한 것이다.

왜 단주를 첫머리로 해원시키는가

그러므로 이제 단주 해원을 첫머리로 하고 또 천하를 건지려는 큰 뜻을 품었으나 시세(時勢)가 이롭지 못하여 구족(九族)이 멸하는 참화를 당해 철천의 한(恨)을 머금고 의탁할 곳 없이 천고(千古)에 떠도는 모든 만고역신(萬古逆神)을 그 다음으로 하여 각기 원통함과 억울함을 풀고, 혹은 행위를 바로 살펴 곡해를 바로잡으며, 혹은 의탁할 곳을 붙여 영원히 안정을 얻게 함이 곧 선경을 건설하는 첫걸음이니라.

(『도전』 4:17:6~8)

증산 상제는 왜 단주의 해원을 선경 세상을 여는 첫걸음으로 삼았을까?

첫째는 단주의 포부와 역량을 들 수 있다. 단주는 요나 순의 이상과 달리 동방의 이족(夷族)과 서방의 하족(夏族)을 화합시켜 대동세계(大同世界)를 건설하고자 했기 때문에, 후천의 상생 조화 세계를 여는 데 그의 이상이 합치되었다.

둘째는 요순선양이라고 하여 그 시대를 태평성대라고 한 역사의 왜곡을 바로잡기 위함이다. 요순선양의 실체를 바로잡아 당시를 이상사회로 윤색하기 위해 가려졌던 원한 맺힌 역사의 진실을 세상에 드러내주었다.

셋째는 단주의 원한이 인류사에서 가장 큰 원한이기 때문이다. 단주 이전에도 또 이후에도 인간의 무수한 원한이 있었지만은, 단주의 원한은 천륜이 파괴된 원한으로서 역사의 방향을 바꾸어 놓았다는 의미에서 가장 큰 원한일 뿐 아니라 그 상황이 명확히 기록되고 수천년간 인구에 회자되어 내려온 최초의 원한이라고 할 수 있다.

그리하여 증산 상제는 오늘날 동서양의 대립과 갈등 구조가 마치 동방족과 서방족이 대립하던 단주 재세시의 상황과 유사하기 때문에, 그가 신명계의 중심(土壁)이 되어 후천의 통일 조화 문명시대를 열도록 천명(天命)을 내림으로써 제왕이 되지 못했던 한을 풀어주었다(丹朱受命).

또 단주가 한평생 원한을 곱씹으며 두었던 바둑의 형세(圍碁)로 오늘날 전 세계의 기운을 돌림으로써 응집된 그의 원력(寃力)을 한단계 승화시켜 이 세계 질서를 바로잡는데 일조를 할 수 있도록 풀어냈다. 그리고 살아생전 단주가 계획만 세웠을 뿐 성사시키지 못했던 '대동세계 건설'의 한을 풀어주기 위해 동서양을 하나로 묶어 통합된 후천 선경세계가 열리도록 하였다.

이렇게 단주의 해원을 필두로 하여 수천 년 간 난마(亂麻)와 같이 얽혀 온 선천 상극 천지의 모든 원한의 실타래를 낱낱이 풀어 해원의 노정으로 흘러가게 함으로써 화합된 후천의 조화 상생시대를 여는 초석으로 삼았다고 할 수 있다.

단주가 천명을 받다

자금성과 자미원

증산 상제는 단주를 제왕신으로 명함으로써 그가 미구에 도
래할 후천의 새 역사를 창조하는데 주도적인 역할을 하게 하고,
후천 선경세상에서 그가 이 세상의 모든 정치 질서를 관장하도
록 하였다.

앞에서 살펴본 바와 같이 단주는 해원시대의 중심인물이다.
그렇다면 단주는 어디에서 세계의 운명을 좌우하는 중요한 일
을 하는 것일까? 증산 상제는 하늘의 제왕신이 머무는 중심하늘
인 '자미원'에 단주를 거처하게 하였다.

이제 단주를 자미원(紫微垣)에 위(位)케 하여 다가오는 선경세

계에서 세운(世運)을 통할(統轄)하게 하느니라. (『도전』 4:31:6)

　왜 단주는 자미원에서 천명을 집행하게 되는가? 자미원은 어

떤 곳이며 어떤 의미가 있는지 알아보기로 하자. 그 단서를 찾

기 위해 중국의 수도인 북경(北京)에 가보기로 하자.

　북경에 가면 사람들이 으레 들르는 곳이 천안문(天安門) 광장

이다. 그만큼 천안문 광장은 북경의 핵심 명소로서, 봉건시대를

상징할 뿐 아니라 중국의 근현대사에서 중요한 역할을 하였다.

　5 · 4운동이 발발하고, 모택동에 의해 중화인민공화국이 선포

되었으며, 문화대혁명과 6 · 4천안문사태가 일어난 곳이다.

　천안문 광장 북쪽에는 고궁박물관이 있다. 이곳은 명 왕조와

청 왕조의 황제가 살던 궁궐로서 원래의 이름은 '자금성(紫禁城)'

이다. 그러니까 천안문은 자금성의 정문인 남문이 된다. 자금성

의 성문에 대해 좀더 설명하면, 원래 자금성의 남문은 세 곳이

다. 첫 번째 남문은 대명문(大明門)인데 청 왕조가 들어서서 대청

문(大淸門)으로 이름을 바꾸었다가 신해혁명 후에 다시 중화문(中

華門)으로 개명하였다. 두 번째 남문이 바로 천안문인데, 원래 이

름은 승천문(承天門)이었다가 역시 청왕조 때 천안문으로 개칭한

것이다. 세 번째 남문은 단문(端門)이라고 한다. 자금성의 북문은

'지안문(地安門)'이라고 하는데, 원래는 '북안문(北安門)'이었으

북경의 천안문

나 청 왕조가 지금의 이름으로 고쳤다. 동문과 서문은 각각 동안문(東安門), 서안문(西安門)이라고 한다.

이렇게 남쪽으로는 양(陽)의 상징인 하늘(天)을, 북쪽에는 음(陰)의 상징인 땅(地)을 뜻하는 단어를 넣어 천지의 안녕(安寧)을 빌었다. 그리고 천지의 중심이 사람이고 그 사람 중 최고의 위치를 점하는 황제가 천안문과 지안문의 중앙에서 통치를 하는 삼극(三極)의 의미를 취한 것이 자금성의 구조이다.

원래 자(紫)라는 것은 붉은 색과 푸른 색이 섞인 것이다. 예로부터 붉은 색은 이화(離火)라 하여 양(陽)의 상징이고, 푸른 색은 감수(坎水)라 하여 음(陰)의 상징이다. 그래서 음과 양을 대표하는 두 색이 섞인 자주색, 즉 자색(紫色)은 곧 태극(太極)을 상징한다. 우리의 국기인 태극기의 가운데에 있는 태극 형상을 보면 잘 알 수 있다.

여기에서 우리는 '자(紫)'가 황제를 의미함을 알 수 있다. '금(禁)'은 일반백성들의 접근을 엄금한다는 의미이니, 곧 이 자금성이라는 명칭은 황제가 사는 궁궐로서 일반 백성들의 접근을 엄금한다는 의미를 지닌다. 이렇게 '자'가 황제를 의미하는 예는 얼마든지 있다.

황제가 사는 궁궐은 '자정(紫庭)', '자달(紫闥)', '자궐(紫闕)', '자궁(紫宮)', '자극(紫極)', '자소(紫霄)' 등으로 부르며, 경성의 도로는 '자맥(紫陌)', 황제의 조서는 '자고(紫誥)', '자니조(紫泥詔)', '자서(紫書)', 황제의 가마는 '자태(紫馱)', 황제의 옷은 '자의(紫衣)', 조정에서 승려에게 내려 주는 가사도 '자가사(紫袈裟)'라고 한다.

중국의 자금성, 태산의 입구 등 중국 곳곳에 '자기동래'(紫氣東來)라는 현판이 붙어 있다. '자기(紫氣)'는 '자줏빛 구름 또는 기운'이라는 의미로 상서로운 기운을 말한다. 옛날 사람들은 항

북경의 자금성 전경

상 천상의 운기(雲氣)를 보고 길흉의 징조를 미리 알았는데, 그래서 '동(東)'은 '동쪽'을 말하고, '래(來)'는 '오다'는 뜻이니, '紫氣東來(자기동래)'를 문자 그대로 해석하면, '상서로운 자줏빛 기운이 동쪽에서 온다'로 해석할 수 있다. 제왕이나 성현 등의 인물이 출현하는 징조로 본다.

이 말은 원래 노자가 은거하기 위해 동쪽을 떠나 서쪽의 함곡관을 지나면서 그곳의 영(令)인 윤희(尹喜)에게 『노자』를 써주었다는 데서 유래한다. 사마천의 『사기』에 의하면, 노자의 성은 이(李), 이름은 이(耳)이며 초나라 고현(苦縣) 역향(歷鄕) 곡인리(曲仁里)사람이라고 한다. 이곳은 지금의 하남성 녹읍(鹿邑) 동쪽에 해당한다. 여기에 관한 고사를 좀 자세히 살펴본다.

전하는 바에 따르면, 주나라 강왕(康王) 때의 대부 윤희란 사람은 천문역법을 연구하여 지나간 옛일을 알고 미래를 점쳤다. 함곡관(函谷關)의 영(令)으로 부임한 그가 어느 날 누각에 올라가 멀리 바라보니 동쪽에서 안개가 피어오르면서 용이 날아가는 모습을 하며 서서히 서쪽으로 오는 것이 보였다. 그는 이상한 생각이 들어 이렇게 말했다.

"상서로운 자줏빛 기운이 생겨났으니 장차 좋은 운수가 이르고 필시 성인이 서쪽으로 가면서 관문을 지나갈 것이다."

그러고는 목욕재계를 하였다. 과연 수개월 후에 일대의 성철인 노자가 푸른 소를 타고 앞에서 왔다. 윤희가 그에게 가르침을 간절하게 청했다. 노자는 윤희가 기질이 비범한 뛰어난 인재임을 간파하고 곧바로 그에게 5천여 자로 된 『노자(老子)』 상하편을 남겨주었다. 이것이 '자기동래'의 고사이다.

별궁인 북경의 이화원(頤和園) 남쪽 성문이나 청나라가 발원한 심양 고궁의 봉황루에도 '紫氣東來(자기동래)'라는 현판이 걸려 있다. 이로 볼 때, 청나라의 황제가 동쪽의 만주 지역에서 서쪽의 중국 본토로 들어가 천하를 다스렸다는 의미를 내포하고 있다고 할 수 있다. 세월이 지나면서 '자(紫)'를 폭넓게 해석하여

자기동래 | 북경 이화원의 남쪽 성문에 새겨져 있다.

난세를 치세로 바꿀 성인(聖人)이 동방에서 오신다는 메시아(The Messiah)적인 의미로도 연결되었다.

재미있는 것은 서양에서도 예부터 자주색이 황실이나 귀족들의 상징으로 취급되었고, 로마교황청의 성직자들도 하늘(청색)과 인간(적색)을 연결하는 사제임을 상징하기 위해 자수정으로 만든 반지를 끼기도 한다.

이렇게 양(洋)의 동과 서를 막론하고 모두 자색을 황제, 성직자, 신선, 고귀함의 상징으로 인식하였으며, 이러한 상징은 천계(天界)에도 그대로 적용시켜 천제(天帝)가 거처하는 곳을 자미원(紫微垣)이라고 하였다.

고대에는 천체(天體)의 항성을 크게 3개의 영역(區)으로 나누어 이를 삼원(三垣)이라 칭했는데, 이것이 바로 자미원, 태미원(太微垣), 천시원(天市垣)이다.

자미원은 북극성을 중심으로 북쪽 하늘의 중앙에 위치한 영역이며, 담장처럼 둘러싼 15개의 원성(垣星)으로 이루어져 있다. 즉 왼쪽에 있는 좌자미(左紫微) 여덟 별과 오른쪽에 있는 우자미(右紫微) 일곱 별 등 15개의 별이 북극성을 중심으로 양쪽을 호위하듯 좌우로 병풍처럼 펼쳐져 있는 것이다. 태미원은 자미원의 동쪽 아래의 영역인데, 좌우로 각각 5개씩 총 10개의 별로 구성되어 있다. 또 자미원의 서쪽 영역인 천시원은 좌우로 각각 11개

자미원 紫微垣

(참조 『삼재도회』)

각도閣道 구진勾陳 내계內階 내주內廚 대리大理 대제大帝 문창文昌 보輔 북두北斗 사보四輔 삼공三公 삼사三師 상相 상보上輔 상승上丞 상위上衛 상재上宰 삼사三師 서자庶子 세勢 소보少輔 소승少丞 ★소위少衛 ☆소위少尉 소재少宰 어녀御女 여사女史 오상서五尙書 오제좌五帝座 우추右樞 육갑六甲 음덕陰德 전사傳舍 좌추左樞 주사柱史 천과天戈 천구天鉤 천뢰天牢 천리天理 천봉天棓 천상天牀 천을天乙 천장天槍 ★천주天柱 ☆천주天廚 천추북극天樞北極 천황天皇 태자太子 태존太尊 태양수太陽守 태을太乙 팔곡八穀 화개華盖 후궁后宮

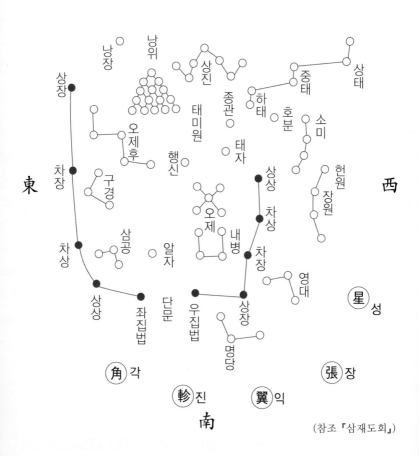

北　　　**태미원** 太微垣

북두

낭장　낭위　상진　종관　중태　상태
하태　호분　소미
상장
태미원　오제후　행신　태자　상상　헌원　장원
차장　구경　차상
삼공　오제　내병　차장
차상　알자　영대
상상　좌집법　단문　우집법　상장
명당

東　　　　　　　　　西

星 성
角 각
軫 진　　翼 익
張 장
南

(참조 『삼재도회』)

구경九卿　낭위郎位　낭장郎將　내병內屏　단문端門　명당明堂　북두北斗　삼공三公
상상上相　상장上將　상진常陳　상태上台　소미少微　알자謁者　영대靈臺　오제五帝
오제후五諸侯　우집법右執法　장원長垣　종관從官　좌집법左執法　중태中台　차상次
相　차장次將　태자太子　하태下台　행신幸臣　헌원軒轅　호분虎賁

北　천시원 天市垣

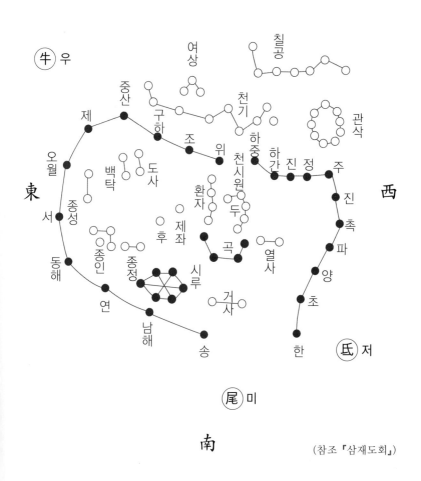

（참조『삼재도회』）

거사車肆 곡곡斛斛 관삭貫索 구하九河 남해南海 도사屠肆 동해東海 두斗 백탁帛度
송宋 시루市樓 서徐 양梁 여상女牀 연燕 열사列肆 오월吳越 위魏 정鄭 주周 중
산中山 제齊 제좌帝座 조趙 종성宗星 종인宗人 종정宗正 주周 진晉 진秦 천기
天紀 초楚 촉蜀 칠공七公 파巴 하간河間 하중河中 한韓 환자宦者 후侯

씩 총 22개의 별로 구성되어 있다. 그래서 삼원을 둘러싸는 원성은 총 47개이며 이밖에 각 담장 안쪽으로 총 148개의 별이 있고, 또 각 담장 바깥으로 총 133개의 별들이 있다.

옛사람들은 천제가 하늘 궁전(천궁)에 살고, 하늘 궁전은 당연히 중앙에 있어야 한다고 생각하였다. 이 때문에 하늘 중앙의 영역은 '자미원', 그 자미원에서 하늘을 다스리는 천제가 거주하는 중심 궁전은 '자미궁'이라고 불렀다. 때로는 자미궁이 자미원을 가리키기도 한다.

인간 황제는 바로 이 천제(天帝)의 아들이기 때문에 우리의 조상들은 예로부터 '천자(天子)'라고 불렀으며 이 자미원으로 황제를 지칭하였기 때문에 황제와 '자(紫)'는 뗄 수 없는 인연을 맺게 된 것이다.

상제님의 천명을 받은 단주

증산 상제는 단주를 자미원에 앉혀 천명을 봉행하게 하였는데, 이는 곧 단주를 제왕신(帝王神)의 자리에 두었다는 말이다. 이것이 이른바 '단주수명(丹朱受命)'이다. 여기서 '명'은 '천명' 즉 상제님의 명을 가리키고, '수명'은 '천명을 받다' 즉 '상제님의 명을 받다'는 뜻이다.

그러니까 단주수명이란 단주가 상제님의 천명을 받았다는 말이 된다. 이를 좀 더 구체적으로 말하면 '단주가 천상의 신도 세계에서 선천 세상을 마무리 지으라는 명을 받았다'는 의미가 된다. 인간계의 용어로 말하면 단주가 정식으로 천자가 되는 것을 의미한다.

따라서 선천세상이 다하는 이 시점에서 증산 상제는 단주에게 제왕신 역할을 맡김으로써 인간계와 신명계를 통섭(統攝)하여 지난 세월동안의 처절한 상극의 대결구도와 함께 그 속에서 자연 발생된 원한을 다 풀어내고 미구(未久)에 도래할 상생의 후천 새 역사를 창조하는데 주도적인 역할을 하도록 임무를 부여한 것이다.

증산 상제는 무신년(1908년) 4월에 지금의 김제시 금산면 청도리 동곡(銅谷) 마을인 구릿골에서 선천의 상극 질서 속에서 발생한 인간계와 신명계 및 자연계의 모든 무질서(病)를 근본적으로 바로잡아 치료하기 위해 만국의원(萬國醫院)이라는 약방을 열고 약장을 설치하였다. 증산 상제는 이 약장 한 가운데에 '단주수명' 넉 자를 써 넣어 그가 상극 질서로 곪아터진 이 천지를 바로잡는데 중심 역할을 하게 됨을 선언하였다.

> 단주수명(丹朱受命)이라. 단주를 머리로 하여 세계 원한 다 끄르니 세계 해원 다 되었다네. (『도전』 6:93:9)

위의 성구는 증산 상제가 천지의 인간과 신명의 원한을 푸는 천지굿을 하면서 부른 노래이다. 증산도에서는 무신년 12월에 대흥리(정읍시 입암면 접지리 대흥 마을)에서 행해진 이 천지굿을 통해서 기나긴 선천의 상극질서 속에서 쌓여온 천지의 모든 원한이 해소되는 길이 열렸으며, 앞으로 온 지구촌이 진정으로 한 가족이 되는 후천 상생의 대동문명이 열린다고 가르치고 있다.

증산 상제에 의하면, 단주가 천명을 받은 이후로 이 세계의 질서는 다섯 신선이 바둑을 두는 형상인 오선위기(五仙圍碁)의 형태로 전개된다. 단주가 바둑의 원조(元祖)이기 때문에 그를 해원시키는 동시에 선천의 상극질서를 끝막음하기 위하여 흑돌과 백돌이 어우러지며 음양의 승부를 펼쳐지는 바둑의 형세로 전세계가 흘러가도록 한 것이다. 오선위기는 현실적으로 대결구도

의 극치라고 할 수 있는 '세계대전'의 양상으로 드러나게 된다. 즉 오선위기 도수(度數)는 바로 전쟁도수(戰爭度數)인 것이다.

도수(度數)는 여러 가지 의미를 내포하나 여기서는 일종의 프로그램으로 이해하면 된다.

오선위기의 중심이자 신천지의 아버지산 회문산

회문산에 오선위기가 있나니 바둑은 당요가 창시하여 단주에게 전수하였느니라. 그러므로 단주의 해원은 오선위기로부터 비롯되나니 천하의 대운이 이로부터 열리느니라.

(『도전』 4:20:1~3)

눈덮인 회문산 전경

전라북도 순창군 구림면에는 회문산이라는 명산이 있다. 회문산은 순창군, 임실군 및 정읍군의 경계에 걸쳐 있다. 해발이 830미터로 그다지 높은 산은 아니지만 호젓한 분위기와 광활한 전망이 일품이며, 숲이 무성하다. 북으로는 섬진강, 동으로 오원천, 남으로 구림천이 이 산을 싸고도는데 그 모습이 마치 태극형상을 하고 있다. 날씨가 좋은 날에는 지리산까지 보이고 첩첩산중에다 서쪽을 제외한 삼면이 강으로 둘러싸여 예로부터 천혜의 요새로 알려진 산이다.

회문산은 전라북도 완주군 구이면과 김제시 금산면에 걸쳐 있는 모악산(793미터)과 함께 천지의 부모산이 된다. 회문산에는 천하제일의 명당(혈자리)이라고 하는 오선위기혈을 비롯하여 24절기에 응하는 24개의 대혈(大穴)이 있다고 전해진다.

때문에 이 천지의 아버지산에 응기된 명당기운을 받기 위해 사람들이 회문산 곳곳에 자신들의 조상 묘역을 조성해 놓았으나, 아직 발음(發蔭)된 집안이 없다고 하니 역시 대혈은 천지에서 직접 쓰기 위해 있는 것이고, 소혈(小穴)도 적덕(積德)을 하지 않은 집안과는 인연이 닿지 않는다는 옛 명사들의 말은 천고의 명언이 아닐 수 없다.

이 회문산으로 1902년에 증산 상제는 천지공사를 보기 위해 들어가게 된다.

천지를 바둑판으로 삼고 바둑을 두는 단주

증산 상제는 회문산의 혈자리 기운을 취해서 세계역사가 나아갈 방향을 신명공사로 정해 놓았다. 신명공사란 천상의 신명들과 함께 인류, 더 나아가서 우주의 미래를 설계해 놓은 것을 말한다. 아울러 천상의 신명계에서 지구촌의 세계정세를 이끌어갈 제왕신으로 단주를 임명하였던 것이다.

즉 4천3백 년 전에 순에 의해 제위가 강제로 찬탈된 이래 원과 한이 깊이 맺혀 있을 아들 단주에게 요가 바둑

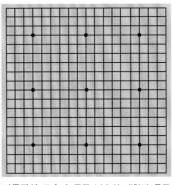

바둑판의 모습 | 중국 남송의 대학자 육구연(陸九淵 1139~1193)은 하도낙서(河圖洛書)가 바둑 속에 들어 있다고 했다. 둥근 돌과 네모진 판은 천원지방(天圓地方)을 상징한다.

을 만들어주며 그 원한을 삭이라고 했던 역사적 사실을 천지공사의 중심틀로 취하여 증산 상제는 다섯 신선이 바둑을 두는 오선위기 도수로써 천지에 확정해 놓았다. 이 오선위기 도수를 통해 단주가 해원함과 동시에 이로부터 상극의 선천운을 끝맺고 상생의 후천 대운이 열리도록, 다시 말해서 지구상에 진정한 유토피아인 선경세계가 펼쳐지도록 프로그램을 짜 놓은 것이다.

인간이 발명한 놀이 중에서 가장 지적인 놀이라고 할 수 있는

바둑은 가로 세로 각 19로(路), 총 3백61호(戶)의 바둑판에 두 사람이 음양을 대표하는 흑백 돌을 나누어 가지고 게임을 하는 것이다.

바둑판에는 기본이 되면서 중요한 아홉 개의 화점(花點)이 있으며 그 중에 한가운데 있는 화점을 '하늘의 근원' 또는 '천지를 운행하는 중심'이라는 의미로 '천원(天元)'이라고 한다. 우리말로는 '배꼽점'이라고도 한다. 361호 가운데 천원을 빼면 360호가 된다.

안운산 증산도 종도사에 의하면, 이 수는 조선시대 우리나라의 고을 수 360주와도 일치한다(『천지의 도 춘생추살』 p156). 또 30일 1개월을 12개월로 곱한 수인 360일과도 일치한다.

바둑판의 네 귀(모퉁이)는 봄·여름·가을·겨울을 상징하며, 화점이 네 번째 줄과 네 번째 줄의 교차점에 있는 것 역시 사계절을 상징하는 것이다. 아울러 네 귀의 화점은 춘분·하지·추분·동지를 상징한다.

바둑을 둘 때 중요한 것은 수읽기이다. 항상 선수(先手)와 후수(後手)가 정확해야 하며, 하나의 돌을 놓기 전에 그 돌이 계기가 되어 발생되는 수많은 변수들을 머릿속에서 종합하여 언제나 상대방보다 한 수가 높게 포석(布石)하여야 이긴다.

게임을 시작할 때 제일 먼저 두는 곳은 중앙이 아니라 외곽부

터이다. 즉 밖에서 안으로 욱여들어오는 형상이다. 마치 그 동안 전 세계에 걸쳐 일어났던 전쟁 등 모든 문제가 지구의 중심 혈자리라고 하는 한반도로 집결하고 있는 것과 같은 형국을 하고 있다. 단주는 최초로 바둑을 둔 인물인 만큼 자기가 가장 자신 있는 바둑 형상으로 세계의 운로를 진행시키고 있는 것이다.

앞의 페이지의 사진은 세계에서 가장 크다고 하는 바둑판을 땅에 만들어놓고 중국 남방장성(南方長城)에서 사람을 바둑로 하여 2년에 한번씩 개최되는 세계 바둑쇼이다.

2003년 제 1회 대회가 개최되었는데, 이 때 영원한 바둑황제로 불리는 우리나라의 조훈현 9단이 중국의 창하오 9단을 이겼

2005년 9월 11일 오후 1시 중국 호남성(湖南省) 상서(湘西) 봉황현(鳳凰縣)에 있는 남방장성(南方長城)에서 땅을 바둑판으로, 소림 무술승들을 바둑돌로 한 남방장성 특별 대국이 이창호 9단 대 창하오 9단의 대결로 펼쳐졌다.

고, 2005년 제 2회 대회 때에는 반상(盤上)의 절대자라고 불리우는 최고의 바둑고수 이창호 9단이 칭하오와 대결하여 비긴 바 있다.

그러나 천지 시공을 바둑판으로 삼고, 헤아릴 수 없는 수많은 사람과 신명들을 바둑돌로 삼아 바둑을 둘 수 있는 인물은 아마도 단주가 유일무이하리라.

바둑의 기원

오늘날 바둑의 기원설이 여러 가지가 있으나 그래도 문헌상 확실하게 기록된 것은 바로 요가 바둑을 창시하였다는 것이다. 전국시대의 책으로 알려진 『세본(世本)』「작편(作篇)」에는 "요가 바둑을 만들었고, 단주가 이를 잘 두었다"고 기록하였고, 장화의 『박물지』에서는 "요가 바둑을 만들어 아들 단주를 가르쳤다. 어떤 사람은 순이 그의 아들 상균이 어리석으므로 바둑을 만들어 가르쳤다고도 말한다"고 기록하고 있다. 중국 원(元) 나라 때 편찬된 바둑책 『현현기경(玄玄棋經)』에서도 "옛날 요·순이 바둑을 만들어 아들을 가르쳤다"라고 기록하였다.

지구의 혈자리이자 중심인 한반도

오선위기로 돌아가는 한국과 세계

증산 상제는 오선위기 도수로 대한민국의 국운을 돌려놓는다. 방위상 지구촌의 간방(艮方), 즉 동북에 위치한 한반도가 지구촌에서 새 역사 창조의 구심점이 되도록 만들어 놓은 것이다. 이것을 '간도수(艮度數)'[18]라고 한다.

『주역』에 의하면, 간괘(艮卦)는 팔괘의 하나로서 현실세계를

---

18) 艮, 東北之卦也, 萬物之所成終而所成始也. 故曰成言乎艮. (『周易』「說卦傳」)

뜻하는 문왕팔괘(文王八卦)에서 동북방을 뜻하며, 만물의 끝남과 시작이 이루어짐을 의미한다. 이것이 이른바 종어간(終於艮), 시어간(始於艮)이다. 이는 선천시대를 끝맺고 후천의

오선위기(五仙圍碁) | 한반도를 중심으로 다섯 신선이 세 판의 바둑을 두는 형국으로 전개되는 세계대세를 형상화한 그림

새로운 시대가 시작됨을 상징하는 것이다. 증산도 안운산 종도사에 의하면, 지리상으로 볼 때 우리나라 대한민국이 지구의 원중심, 고갱이, 알캥이, 핵심 혈(穴)이다(『천지의 도 춘생추살』 p71).

다섯 신선이 바둑을 둔다는 오선위기에서 바둑판은 한반도를 의미하며, 한 신선은 바둑판의 주인인 한반도이고, 나머지 네 신선 중 두 신선은 바둑을 두고, 다른 두 신선은 훈수를 하는데, 이 네 신선은 주변의 강대국을 의미한다. 바둑판인 한반도를 중심으로 해서 주변의 4대 강국 즉 미국, 일본과 중국, 러시아가 패권 다툼을 벌이며 지구촌 정치 질서의 대세를 형성해 나가도록 만들어 놓은 것이다.

현하대세를 오선위기의 기령으로 돌리나니 두 신선은 판을 대하고 두 신선은 각기 훈수하고 한 신선은 주인이라.

회문산(回文山)에 오선위기혈(五仙圍碁穴)이 있으니 이제 바둑의 원조인 단주의 해원 도수(解冤度數)를 이곳에 붙여 조선 국운을 돌리려 하노라. …다섯 신선 중에 한 신선은 주인이라 수수방관만 할 따름이요 네 신선이 판을 대하여 서로 패를 들쳐서 따먹으려 하므로 시일만 끌고 승부가 속히 나지 않느니라. (『도전』 5:176:3~5)

4대 강국이 한반도를 놓고 서로 팽팽하게 세력 다툼을 벌이다가 때가 무르익으면 순식간에 대세가 뒤집어진다. 그리하여 이제까지 정치적으로 예속 상태에 있던 조선이 그 굴레를 벗고 우뚝 서서 세계의 운명을 결정하는 주도적인 나라가 된다는 것이다. 이것이 바로 단주의 해원 방식이며 오선위기의 실질적 결론이다.

내 도수는 바둑판과 같으니라. 바둑판 흑백 잔치니라. 두 신선은 바둑을 두고 두 신선은 훈수를 하나니 해가 저물면 판과 바둑은 주인에게 돌아가느니라. (『도전』 5:336:7~8)

오선위기의 세 차례 과정

오선위기는 세 차례의 과정을 거쳐 완성된다. 증산 상제는 이를 옛날 장터의 씨름 방식인 '애기판', '총각판', '상씨름'에 비유하였다.

> 현하대세가 씨름판과 같으니 애기판과 총각판이 지난 뒤에 상씨름으로 판을 마치리라. (『도전』 5:7:1)

애기판은 세계정치질서에서 동양에 대한 서양제국주의 침탈을 약화시키기 위해 일어난 전쟁이다. 이는 러일전쟁(1904~1905)을 거치면서 표면화되기 시작하여 마침내 영국, 프랑스, 러시아 등의 연합국과 독일, 오스트리아 등의 동맹국이 벌인 최초의 세계대전(제1차 세계대전 1914~1918)이라는 전쟁의 대결구도로 드러나게 되었다. 그러나 이 전쟁은 증산 상제가 '애기판'이라고 칭한 것과 같이 그 뒤에 일어난 '총각판' 씨름인 제2차 세계대전에 비하면 규모가 훨씬 작았다.

김홍도의 씨름도 | 씨름은 옛날 장터에서 즐겼던 민속놀이로서, 애기판, 총각판, 상씨름 등 단계별로 경기를 진행한다.

총각판은 세계 열강국들 간의 세력균형을 바로잡기 위해 일어난 전쟁이다. 이는 중일전쟁(1937~1945)을 시작으로 영국, 프랑스, 소련, 미국, 중국이 연합국이 되고 독일, 이탈리아, 일본이 동맹국이 되어 유럽과 동아시아를 포함한 전세계를 전쟁의 참화로 몰고간 제2차 세계대전(1939~1945)으로 현실화되었다.

이 두 번의 전쟁을 통해서 세계열강의 패권세력들은 그 힘이 약화되면서 제국주의의 식민지 쟁탈전으로 억압받아 왔던 모든 나라들이 독립을 할 수 있게 되었다. 제2차 세계대전은 미국에서 제조된 2발의 핵폭탄이 일본의 히로시마(廣島)와 나가사키(長崎)에 투하됨으로써 최후의 한사람까지 전쟁을 하자던 일본이 '완전항복'을 선언하면서 끝이 났다.

그러나 핵폭탄으로 인해 인류는 유사 이래 최초로 '지구 멸망'이라는 미증유의 문제를 떠안게 되었다. 이 '공포'가 전쟁 억지력으로 작용함과 동시에 전쟁으로 급격히 발달한 과학기술의 덕택에 지난 60여년간 세계는 그 어느 때보다 평화로우면서도 고도의 문명을 누리는 '긴장속의 평화' 시대를 맞이하게 된다.

그리하여 이 기간 동안 인류는 놀라운 과학 기술의 발전과 문명 건설을 통해 근대 이전 인간들이 꿈꿔왔던 모든 가능성을 갖가지 분야에서 현실화 시켜왔다. 그런데 이 같은 순기능 외에 사람들은 그 어느 때보다도 자유로와져 현 문명의 산물들을 왜

곡하고 그릇되게 이용하는 부작용도 파생되었다. 즉 인간이 생각할 수 있는 온갖 종류의 죄악을 거리낌 없이 범행하는 수단으로 현 문명을 악용하게 된 것이다.

즉 '길화(吉花)는 개길실(開吉實)하고 흉화(凶花)는 개흉실(開凶實)'이라는 증산 상제의 말씀처럼, 현재의 우리 인류는 선과 악의 모든 가능성이 활짝 열려 마음만 먹으면 성인도 될 수 있고, 희대의 악인도 될 수 있는 등, 자신이 원하는 모든 것을 자유롭게 열매 맺을 수 있는 선천 최후의 해원시대(解寃時代)를 맞이하게 되었다.

그리고 이 해원시대의 긴 노정(路程)의 끝에는 증산 상제가 천지공사(天地公事)를 통해 정한 마지막 한판의 바둑, 한 번의 씨름을 남겨두고 있다. 이 마지막 한판 승부는 세계해원 전쟁이라 할 수 있는데, 지난 제1차 세계대전, 제2차 세계대전과 마찬가지로, 현실에서는 상씨름 대개벽 전쟁이라는 양상으로 드러나게 된다.

> 천지개벽 시대에 어찌 전쟁이 없으리오. 앞으로 천지전쟁이 있느니라. (『도전』 5:202:3)

> 상씨름으로 종어간(終於艮)이니라. 전쟁으로 세상 끝을 맺나니 개벽시대에 어찌 전쟁이 없으리오. (『도전』 5:415:1~2)

종이에 태극 형상의 선을 그리시며 "이것이 삼팔선이니라."
하시니라. 또 말씀하시기를 "씨름판대는 조선의 삼팔선에 두
고 세계 상씨름판을 붙이리라. 만국재판소를 조선에 두노니
씨름판에 소가 나가면 판을 걷게 되리라. (『도전』 5:7:2~4)

상씨름은 '씨름' 이라는 고유한 우리말에 한자어 접두사 '상
(上)' 이 붙어서 이루어진 말이다. '상' 은 '최고' 라는 의미이다.
그래서 우리말에 거지 중에 가장 비참한 거지를 '상거지' 라 하
고, 가장 좋은 품질을 '상길' 이라고 하며, 늙은이 중에 가장 나
이가 많은 늙은이를 '상늙은이' 또는 '상노인' 이라고 한다. 그
러니까 상씨름은 최고의 씨름, 결승을 다투는 씨름을 의미한다.
이제까지 전개되어 왔던 어떠한 전쟁보다도 강력한 전쟁이 상
씨름으로 나타나게 된다.

현실 역사에서 상씨름은 한국전쟁(1950년 6월 25일에 발발)으로
이미 시작이 되었다. 그러나 상씨름은 아직도 진행 중에 있으
며, 이 과정에서 한반도를 중심으로 미국, 일본과 중국, 러시아
의 네 강대국이 패권 다툼을 벌이면서 종반을 향해 치닫고 있는
중이다.

한반도의 남과 북이 대결하는 상씨름은 선천 문명의 상극 정
신과 인류 역사의 모든 전쟁을 완전히 종식시키는 인류 최후의
개벽 전쟁이다. 이것은 인류사의 상극의 모든 문제를 가름하는

최후, 최상의 대결구도라는 의미와 역사성을 갖는다. 상씨름은 인간 역사와 문명의 틀을 바꾸는 개벽전쟁이며, 천지의 상극 질서를 가을 신천지 상생의 질서로 전환시키는 천지전쟁이다.

> **"장차 병란(兵亂)과 병란(病亂)이 동시에 터지느니라. 전쟁이 일어나면서 바로 병이 온다. 전쟁은 병이라야 막아 내느니라. 그 때는 모든 것이 뒤죽박죽이 되어 이기고 지는 쪽 없이 멸망하리라. (『도전』 5:415:5~7)**

이 상씨름의 대전쟁은 선천의 모든 상극질서 속에서 발생한 원한을 남김없이 풀어내는 과정이라 병란(兵亂 : 대전쟁)과 병란(病亂 : 세계적인 큰 질병)이라는 두 가지 큰 사건을 동반하게 되며, 이로 인해 전세계가 참혹한 재앙에 휩쓸리게 된다.

상씨름의 종결은 곧 선천 상극시대의 종결을 의미하며, 이후 세계가 한 가족이 되어 화합되는 진정한 세계일가 통일정권이 성립하게 된다. 그리하여 단주가 지난 반만년 동안 인내하며 건설하고자 했던 세상이 현실속에서 펼쳐지게 된다.[19]

---

19) '단주수명'과 '오선위기'에 관련된 내용은 전적으로 증산도 안운산 종도사의 『천지의 도 춘생추살』과 안경전 종정의 『개벽 실제상황』을 참조하였다.

에필로그

지금까지 우리는 4천3백여 년 전으로 역사를 거슬러 올라가 요와 순, 그리고 단주에 얽힌 많은 이야기들을 살펴보았다. 나름대로는 기존의 이해를 넘어선 많은 새로운 이야기를 전개했지만 아직도 더 많은 역사 자료의 발굴과 함께 좀 더 충분한 검토가 이루어져야 함은 두말할 나위가 없다.

단주 한 사람의 원한이 단초가 되어, 이로부터 그를 둘러싼 수많은 사람들의 이해관계가 얽힌 집단의 갈등으로 확대되고, 결국 순을 추대하는 세력과 단주를 추대하는 세력으로 분열되어 큰 전쟁으로 비화되었다.

그 와중에 순은 비명횡사하고 그의 두 부인 아황과 여영은 소상강에서 자살을 하게 되었다. 이로부터 원한은 시간의 흐름과 함께 증폭되고 공간적으로도 그 영역이 확대 되었으며, 역사의 흐름 속에서 수많은 원한이 축적되어 오늘날 전 세계가 함께 참화의 소용돌이에 휘말리게 되었다.

따라서 오늘날 세계적인 다양한 문제들을 완전히 해소하는 유일한 방법은 반드시 근본으로 돌아가(原始返本) 최초의 계기가 된 원한의 매듭을 찾아 밝히고 풀어주어야 한다. 그렇게 된 후라야 비로소 인류가 꿈꾸는 이상 세계를 건설할 수 있기 때문이다.

이렇게 증산 상제에 의해서 최초로 제시된 '원한의 관점에서 본 인간 역사와 미래 비전'은 기존 학자들이 단지 기록된 사실만을 다루는 방식을 완전히 초월한, 역사적 사건의 이면에 공통적으로 흐르고 있는 근원적인 인간의 심성문제와 그 영향력까지 밝혀 주고 있다.

즉 인간의 욕망은 커지게 마련인데, 개인의 커지는 욕망을 분출하는 과정에서 타인과 충돌하여 원한을 생성하며, 동일한 원리로 집단의 욕망이 커지면서 타 집단과 충돌하고, 종국적으로는 한 국가가 다른 국가와 충돌을 하면서 대혼란을 야기시킨다. 이것은 개인이냐, 집단이냐 하는 규모만 다를 뿐, 모두 다 '원과 한'이 작용한 것으로 보아도 큰 무리가 아닐 것이다.

반만년 전 단주의 해원은 곧 오늘을 사는 우리들 개개인의 해원과도 직결된다. 증산 상제는 단지 우리들에게 단주의 원한만을 보여주려 한 것이 아니라, 그를 통해 근본적으로 또 항구적으로 인간문제를 해결하는 길(道)이 무엇인지 밝혀주고 있으며, 동시에 우리들에게 이 세계를 살아가는 삶의 방식도 근본적으로 대개벽해야 함을 엄중히 경고하고 있다. 이것이 바로 단주를 통해 증산 상제가 인류에게 전해주고 있는 메시지이다.

참고문헌

증산도 도전편찬위원회, 『증산도 도전』, 대원출판사, 2003.

안운산, 『천지의 도 춘생추살』, 대원출판사, 2007.

안경전, 『개벽 실제상황』, 대원출판사, 2005.

안경전, 『증산도의 진리』, 대원출판사, 1995.

顧頡剛, 「禪讓傳說起於墨家考」, 『顧頡剛古史論文集』第1冊, 北京 中華書局, 1993.

孔穎達 等正義, 『尙書正義』(『十三經注疏』本), 臺北 藝文印書館, 1985.

김선주 · 이재석, 「요순선양설에 대한 비판적 고찰」, 『증산도사상』 (제5집), 대원출판사, 2001.

雷學淇, 『竹書紀年義證』, 영인본, 1997.

문정창, 『고조선사연구』, 유인본, 1969.

白鳥庫吉, 「中國古傳說之研究」, 『日本學者研究中國史論著選譯』 第1卷, 北京 中華書局, 1992.

司馬遷, 『史記』, 北京 中華書局.

小野澤精一, 「堯舜禪讓說話の思想史的考察」, 『中國古代說話の思想史的研究』, 東京 汲古書院, 1982.

徐亮之, 『中國史前史話』, 臺北 華正書局, 1979.

楊希枚, 「再論堯舜禪讓傳說」, 『先秦文化史論集』, 北京 中國社會科學出版社, 1995.

御手洗勝, 吳繼文 譯, 「帝舜傳說」, 『神與神話』, 臺北 聯經出版事業公司, 1988.

유철, 「증산도의 해원사상」, 『증산도사상』(제5집), 대원출판사, 2001.

윤창렬, 「강증산의 해원사상에 관한 고찰」, 『증산도사상연구』(제1집), 증산도 교수신도회, 1992.

위앤커, 『중국신화전설』, 민음사, 2002.

伊藤淸司 著, 林慶旺 譯, 「堯舜禪讓傳說的眞象」, 『神與神話』, 臺北 聯經出版事業公司, 1988.

朱熹, 『四書章句集注』, 北京 中華書局, 1986.